Le TL;DR du passage du secondaire au CÉGEP

Le TL;DR du passage du secondaire au CÉGEP

Vincent Phoenix Sumah

LYF

CONTENTS

DEDICATION   vi

Introduction   1

1   La performance scolaire   3

2   Prendre en main son apprentissage   40

3   Organisation de travail et de temps   60

4   Motivation et procrastination   71

MÉDIAGRAPHIE   93

ABOUT THE AUTHOR   94

À tous les étudiants qui m'ont ouvert leur coeur pour me laisser voir les humains merveilleux,sensibles et vrais qu'ils et elles sont

Introduction

Une chose que j'ai vite remarquée comme intervenant au soutien psycho-social au collégial, c'est que beaucoup trop d'étudiants ne sont pas suffisamment, voire pas du tout préparés à ce qui les attend au CÉGEP. On leur dit que ce sera plus difficile. Que certaines choses "ne seront plus acceptées" et que les corrections seront plus strictes. Les étudiants s'attendent à devoir travailler plus dans leurs devoirs, à apprendre une matière plus compliquée, plus détaillée. On leur laisse sous-entendre que le CÉGEP, c'est comme un secondaire mais plus stricte, plus difficile.

Mais ce qu'on ne leur dit pas (ou pas assez), c'est :

Qu'au CÉGEP, l'étudiant doit prendre son apprentissage en charge.
Qu'est-ce ça signifie, concrètement, prendre son apprentissage en charge.
Que les profs ne vont pas courir après les travaux ni même, parfois, rappeler aux étudiants de les faire.
Qu'une session, c'est une année scolaire complète mais condensée en 15 semaines.
Qu'il est possible d'annuler des cours ou même de faire son programme en plus de sessions pour alléger l'horaire.
On ne leur parle pas assez de la cote R mais surtout, qu'elle seule n'est pas l'unique gage d'acceptation à l'université.
On ne leur parle pas des cours à double-seuils.
Que les premiers examens arrivent souvent dès la 3e semaine de cours et peuvent valoir pour 25% de la session.
On leur dit d'apprendre à s'organiser, mais on ne les aide pas à trouver leur façon de s'organiser. C'est vague, "s'organiser".
Que si l'étudiant doit manquer un cours, le prof le donne probablement à un autre groupe plus tard ou avant, et qu'on peut peut-être y assister.

Que la première année en est une d'adaptation.
Qu'on a parfois l'impression que les profs pensent qu'ils sont seuls à donner des travaux.

Les études supérieures, ce n'est pas uniquement plus de cours, plus de matières, plus de travaux. C'est aussi une école d'autonomie et d'auto-discipline. Le hic, c'est que souvent les étudiants devront tout apprendre et tout gérer pendant leur premières sessions, et cela, trop souvent au prix de ces dites sessions et/ou de leur santé mentale.
J'expliquerai, dans ce livre, ces différents points et concepts.

J'ai épluché plusieurs documents ayant pour but d'aider les étudiants collégiaux et universitaires à bien réussir leurs sessions. Des documents remplis d'astuces pour aider l'apprentissage, la prise de note, l'organisation de temps, etc. Des documents aussi, et malheureusement, complètement déconnectés de la réalité des étudiants. Je n'ai rien trouvé que je pourrais utiliser dans mon contexte de travail.
Je travaille avec ces étudiants, je les vois et les écoute chaque jour me parler de leurs études, de leur anxiété, de leur motivation et du stress qui a un impact négatif sur les résultats de leurs examens et sur leur réussite académique. Donc, suivant les sages paroles de Gandhi, ("sois le changement que tu veux voir dans le monde" et ses variantes), lorsque je ne trouve pas la ressource dont j'ai besoin, je la crée.

La performance scolaire

L'école, c'est bien. C'est très bien. Offrir une éducation générale à toute une population et ce obligatoirement, aide grandement à la croissance d'une société. Peu importe le type de société dans laquelle on vit, il y a et a eu des écoles. Nous sommes mondialement conscients de l'importance de l'éducation. Que ce soit une structure gouvernementale ou une petite classe improvisée dans un village, le concept de l'école et d'apprendre en groupe est connu presque partout sur la planète. L'intention derrière l'obligation à l'éducation est bonne et bienveillante : donner à toutes et à tous le même niveau d'éducation de base. Cependant, nous vivons dans une société capitaliste axée sur la production, la compétitivité et par ricochet, la rapidité d'exécution. Cela a un impact évident sur notre système scolaire et ça crée son lot de problématiques.

Depuis notre plus jeune âge, nous nageons dans un système d'éducation qui nous évalue en fonction de nos apprentissages et de nos raisonnements logiques. Depuis notre plus jeune âge, nous recevons des notes en pourcentage sur notre réussite. Une note, c'est concret, c'est tangible, c'est facile à comparer.

C'est difficile d'échapper aux "toi, tu as eu combien?" venant, souvent, des élèves aux meilleures notes. C'est agréable de voir qu'on a mieux réussi que les autres. C'est valorisant, être plus intelligent.

De plus, on récompense beaucoup plus l'amélioration des notes que l'effort constant de maintenir ces bonnes notes. Ça envoie un message problématique aux jeunes cerveaux en développement. Ça envoie le message que l'élève qui passe de 60% à 75% dans un trimestre méritera qu'on souligne son effort, alors que l'élève qui travaille fort et étudie tous les jours pour se maintenir à 90% sera moins remarqué. Juste ici on parle déjà de 2 problèmes de société importants : La valorisation par l'intelligence et la comparaison entre pairs.

D'abord, il est important de définir ce qu'est l'intelligence. Capacité à apprendre, à retenir, à connaître les choses. Les personnes intelligentes ont de meilleures notes et réussissent mieux dans la vie, ont des meilleurs emplois. Vrai?

FAUX.

L'intelligence, c'est la capacité de penser, de réfléchir, de raisonner et de s'adapter aux situations en créant des liens logiques selon nos apprentissages de la vie. Point.

Oui, l'intelligence peut avoir un impact sur la capacité à apprendre, mais ça reste deux concepts différents.

La capacité à apprendre et à retenir ainsi que le niveau de connaissances sont différentes pour chaque personne, car chaque personne apprend d'une façon différente et bien à elle. Certains sont plus visuels (vue), d'autres auditifs (ouïe) ou même kinétiques (touché/faire). Certains ont plus de mémoire que d'autre et ça n'a pas de lien avec l'intelligence. Surtout qu'il existe, en plus, plusieurs sous-types d'intelligence (spatiale, logico-mathématique, émotionnelle, musicale, etc).

Connaître beaucoup de chose, c'est avoir beaucoup de connaissances. Pas d'intelligence. Par le fait même, on peut être super intelligent et avoir vraiment de la difficulté avec le par-coeur. Il faut se défaire cette fausse conception que "facilité d'apprentissage **en contexte scolaire** (important de spécifier) = intelligence".

Parenthèse.

C'est important de réaliser qu'avoir 90% de moyenne à l'école ne dit rien sur nos compétences comme travailleur, notre débrouillardise, notre capacité d'adaptation, notre facilité à travailler en équipe ou à prendre les critiques, etc. Ça signifie simplement que le système scolaire comme on le connaît convient à notre personne. Par contre, le marché du travail n'est pas le système scolaire. Meilleur à l'école ne veut pas nécessairement dire meilleur au travail ou encore meilleur dans la vie.

Fin de la parenthèse.

Autrement que par des tests poussés et analysés par des psychologues et neuropsychologues, on ne peut pas comparer les intelligences. Et surtout pas avec des notes en pourcentage sur un test écrit/oral/labo.

TL;DR : on juge notre intelligence surtout de par notre capacité à répondre à des questions par écrit.

Si on prend en compte qu'on peut ne pas tous comprendre la

question de la même façon ou que le prof peut ne pas comprendre notre réponse comme on le voulais, c'est plutôt hasardeux comme unité de mesure de l'intelligence.

Ensuite, se valoriser par la comparaison avec les autres, même si ce n'est qu'avec une seule personne, est un poison qu'on laisse pourrir en nous et qui, éventuellement, dicte notre vie. On devient dépendant du regard et des actions des autres. On perd doucement notre pouvoir sur nous et sur notre vie. On se met un ou des objectifs difficilement atteignables, dont la réussite est en grande partie hors de notre contrôle et donc, qui n'ont souvent pas le résultat souhaité.

Mais qu'est-ce qui fait qu'on se met ce genre de pression? Qu'on se compare autant? Qu'on cherche l'approbation et la validation des autres?

J'ai pu identifier deux raisons principales : La société et la famille.

On peut ressentir de la pression de l'une ou l'autre ou même les deux à la fois.

La société

Vouloir être reconnu, aimé et validé est totalement normal comme besoin humain. L'humain est une créature grégaire et a besoin de la présence et de la reconnaissance de ses pairs.

Avez-vous remarqué que lorsque quelqu'un se présente ou parle de lui/elle-même, que ce soit dans un groupe ou sur internet, une des premières choses dont on parle est notre emploi ou notre champs d'étude. On met beaucoup d'importance à cela pour déterminer notre place dans la société, ça devient une partie importante, sinon primaire, de notre identité. Avoir une "bonne job" et faire des études universitaires, c'est validé, c'est reconnu, c'est approuvé par la société. Le problème, c'est que ce sont presque les seules choses qui sont valorisées. À défaut d'être validé et reconnu par nos amis, parents et partenaires pour qui nous sommes comme personne, pour nos qualités comme être humain, pour nos accomplissements personnels qui font de nous une personne épanouie, on se rabat sur notre emploi, nos résultats, notre "intelligence" (i.e. notre facilité à s'adapter au système scolaire).

On se met de la pression pour se démarquer, pour obtenir des notes de beaucoup supérieures à la moyenne pour ensuite pouvoir accéder au programme universitaire qui est la suite logique. Et ce, même après une technique collégiale, parce que *tsé*, on ne peut pas ne pas aller à l'université. Les universitaires, c'est du monde intelligent, capable, fort! Et comme on a difficilement de reconnaissance ailleurs, on veut tous avoir au moins celle-là.

Le problème avec notre société de performance c'est que, justement, on peut difficilement aller chercher cette validation ailleurs que dans la performance scolaire ou professionnelle. Performer devient une nécessité, un but à atteindre, le seul et unique but, peu importe la sphère de vie, on doit performer, se dépasser mais surtout dépasser les autres.

Lorsqu'on arrive au CÉGEP, aller à l'école fait partie intégrante de notre routine de vie. On le fait depuis tellement longtemps.

On va à l'école, une année après l'autre, un cycle après l'autre. On arrive en secondaire 5, à 16 ou 17 ans, et il faut trouver un programme d'étude. Et puisque nous ne sommes pas habitués ni encouragés à se poser des questions sur nous, sur ce qu'on veut pour notre vie, sur notre définition du bonheur, la pression arrive tout d'un coup. À 17 ans, avec un cerveau et une personnalité encore en plein développement, on doit choisir un chemin de carrière. Rappelons-nous la manière dont c'est approché. On nous demande ce qu'on veut faire de **notre vie**. À 17 ans, avec souvent très peu de connaissance de nous-même, on doit choisir un chemin pour les 50 prochaines années.

C'est complètement irréaliste. La vie change. Les gens changent. La personne que nous sommes à 17 ans est aussi différente de celle que nous seront à 25 ans que de celle que nous étions à 12 ans. Et même à 25 ou 35 ans, on peut encore découvrir une nouvelle chose qui nous intéresse à fond et décider d'en faire notre métier. Bref, on choisi un programme, plus ou moins au hasard selon ce qui nous intéresse le plus, en espérant fort fort de faire le bon choix.

C'est quoi le "bon choix?" Dans la vision de beaucoup d'étudiant, "le bon choix" est celui qui restera avec nous pour toujours. C'est la carrière qui nous rendra heureux toute notre vie. Car on ne veut surtout pas avoir perdu notre temps à avoir fait des études qui finalement ne nous auront "pas servit".

C'est un très grand facteur de stress et d'anxiété pour beaucoup de jeunes adultes. Leur avenir. Leur indépendance. Vouloir "commencer à vivre" le plus rapidement possible (et on le comprendra, quand la vingtaine arrive, on a besoin d'être indépendant).

La peur de faire "un mauvais choix" et/ou de "perdre son temps" est un énorme poids sur les épaules de plusieurs étudiants. J'en parlerai plus loin.

Outre le stress de faire le mauvais choix et "d'avoir perdu son temps", il y a aussi le stress de la cote R. C'est bien de choisir un domaine, un chemin, mais si on a pas la cote R pour continuer à l'université, ça aura tout été fait "pour rien".

Il est vrai qu'il est difficile de rester zen et relax par rapport aux notes. On veut les meilleures et on a souvent besoin des meilleures. Nous sommes prisonniers de notre système scolaire ; ces moyennes générales, cotes R, Z ou universitaire nous ouvrent ou nous ferment des portes professionnelles. Donc même si ça nous importe peu d'être reconnu pour nos résultats scolaires, les pré-requis universitaires et professionnels mettent un standard de réussite à atteindre. On n'a aucun contrôle sur notre système d'éducation. Et dans notre société de performance, se faire fermer une porte, même si on allait jamais l'ouvrir de toute façon, peut sembler être la fin du monde. Ça y est, à 19 ans, on a raté la chance d'une VIE.

Parlant de ça, qu'est-ce que la Cote R?
La cote de rendement au collégial est une statistique pour mesurer la performance des étudiants. On compare les résultats des étudiants entre eux, selon la moyenne du groupe.
Globalement, ça signifie que la moyenne générale de l'étudiant n'est pas aussi importante que son degré de démarcation du groupe.

Ça veut aussi dire qu'un étudiant avec 90% de moyenne dans un groupe plus faible augmentera sa cote R, et le même étudiant dans un groupe plus fort restera stable ou sa cote R diminuera. Autant que je comprends la raison d'être de ces statistiques (certains programmes universitaires demandent un rendement scolaire exemplaire et pour cause), ça reste problématique chez les étudiants. On ne veut pas seulement avoir une moyenne exceptionnelle en tant qu'individu, on veut et on **doit** être meilleur que les autres. Cela crée beaucoup de comparaison non pas avec nous-même et nos propres forces et limites, mais avec les collègues de classe. Et comme mentionné plus haut, ça devient rapidement super malsain.

Bref, on suit notre chemin scolaire. Après le secondaire, c'est le CÉGEP et après le CÉGEP, c'est l'université. TL;DR, les 20 années (de 5 à 25 ans) qui nous définissent le plus comme personne, nous les passons dans les salles de classes à se faire évaluer, à se comparer aux autres, consciemment ou pas, à croire que notre vie c'est l'école. On est convaincu que la vie commence uniquement après les études. Un adulte ça travaille, ça fait de l'argent, ça a du temps, ça profite de la vie, et un jeune ça va à l'école. C'est ça, être un citoyen.

Bon. Je me rends compte que je peux sonner comme si j'étais contre les études. Mais pas du tout! Cependant, je deviens de plus en plus conscient des lacunes dans les systèmes (scolaire et sociétal) et à défaut de pouvoir changer ces derniers, j'ai décidé d'écrire ce livre en espérant que ça en aidera quelqu'un.e.s à mieux s'adapter à un système pas nécessairement fait pour eux. Ou du moins, à amorcer une réflexion sur ce qui leur convient davantage.

Depuis notre plus tendre enfance, on se fait bourrer le crâne de principes et valeurs de réussite et performance, auxquelles on accroche non seulement fierté mais aussi, et malheureusement, valeur personnelle. Et ça commence au CPE où on pousse et surstimule les jeunes enfants, des bambins, à se surpasser. Ensuite, à partir de la maternelle, notre vie se résume à : école, devoirs, repas, bain, dodo. Apprendre, être évalué, être félicité pour nos bonnes notes, être réprimandé pour nos moins bonnes. Je répète : *être réprimandé* pour nos moins bonnes notes. Parce que ce n'est pas bien, les "moins bonnes notes". Il faut corriger ça. Ensuite viennent les fins de semaine et les vacances où on peut simplement ne rien faire, relaxer, dormir, sortir avec nos amis. L'école est le centre, et même presque la totalité, de la vie des jeunes.

Ce que je remarque beaucoup lors de mes rencontres avec les étudiants c'est que plusieurs ne savent simplement pas qui ils sont. Il n'ont souvent pas d'intérêt qui prédomine, ils *game*, ils écoutent netflix, naviguent sur les média sociaux et passent du temps entre amis. Et c'est très bien de faire tout ça! C'est même nécessaire. Mais il manque quelque chose, quelque chose d'aussi important. Oui, à 17 ans nous sommes encore en développement et clairement pas la même personne qu'on sera à 25 ou 30 ans, mais nous devrions quand même être quelqu'un, pas juste "un.e étudiant.e".

Cependant, apprendre à se connaître comme humain lors du passage de l'enfance vers l'âge adulte n'est pas enseigné à l'école.

De plus, et malheureusement, ce n'est pas dans la majorité des familles où on nous encourage à développer notre propre individualité.

C'est plus important d'apprendre par coeur le nom et les dates de l'histoire du Québec, ou encore des formules mathématiques qu'on n'utilisera plus jamais (et soyons honnête, si nous choisissons un domaine qui nécessite ces connaissances, on va nous les re-enseigner), que d'apprendre à développer son jugement critique des autres, de la vie et de soi. Se connaître, ce n'est pas uniquement savoir ce qu'on aime ou n'aime pas. C'est connaître nos valeurs et l'importance de chacune d'elle.

C'est de connaître nos limites, nos forces, nos capacités. C'est comprendre nos émotions et sentiments et d'où ils viennent.

C'est comprendre pourquoi on aime autant les activités qui nous plaisent. C'est connaître et comprendre nos peurs.

Connaître ce qui nous revigore.

La famille

La famille peut aussi jouer son rôle dans les pressions qu'on ressent. En tant qu'enfant, nos parents sont les premières personnes chez qui nous recherchons la validation et l'approbation. C'est normal, instinctif et c'est ce qui nous a permi de survivre comme espèce. Et nos parents veulent généralement notre bien. Il veulent qu'on réussissent. Ils veulent que le plus de portes s'offrent à nous pour qu'on aie la possibilité d'avoir le boulot dans lequel on sera heureux. Donc, depuis le primaire, quand on a des bonnes notes ils sont contents, du moins, habituellement (il y a des parents pour qui l'enfant aurait toujours "pu faire plus"). Mais en général, "bonnes notes" = approbation du parent, fierté, et parfois même vantardise de la réussite de son enfant à qui veut bien l'entendre. Les mauvaises notes sont souvent accompagnées de réprimandes, de "tu aurais pu faire mieux/étudier plus", de "tu ne te rendra pas à l'université comme ça". Et on croit nos parents, évidemment. Parce qu'ils sont nos parents. Ils savent clairement de quoi ils parlent. Rares sont les mauvaises notes qui seront accompagnées de "Qu'est-ce qui s'est passé? Comment puis-je t'aider? Je sais que tu as fais de ton mieux.".

Par contre, et c'est là qu'on voit toute la puissance psychologique de l'inconscient, il arrive souvent que nos parents ne nous ont jamais vraiment fait de commentaires ou de critiques de la sorte. Et malgré cela, nous voulons quand même avoir les meilleures notes, peut-être même sommes-nous pris d'anxiété de performance. Mais d'où ça peut bien venir? En tant que petits humains, il est normal d'observer les gens autour de nous. Leurs comportements et les réactions engendrées par ces comportements nous permettent de déterminer ce qui est acceptable ou pas. Même sans se faire dire quoi que ce soit directement, les enfants observent et comprennent. À 4 ou 6 ans, voyant notre mère soupirer en apprenant l'échec en math de notre grand frère, ou en entendant notre père féliciter sa nièce pour sa réussite, ça entre dans notre cerveau et le façonne. On se dit que jamais on ne voudra décevoir notre mère avec des mauvaises notes, ou que nous aussi, on aimerait que notre père soit fier de notre réussite. L'intention derrière le comportement du parent n'était aucunement de mettre de la pression sur qui que ce soit, mais le cerveau en apprentissage absorbe l'information et fait des liens de corrélation. On se met donc, nous-même, ces pressions.

La validation, la fierté, la reconnaissance, elle vient d'abord de notre entourage avant de venir de nous. Étant enfant, on recherche ce sentiment, cette approbation. Être reconnu, voir ses parents fiers et contents de nous. Ça nous valide dans qui nous sommes.

Une des choses que je déplore, c'est qu'en tant que parent, on encourage nos enfants à finir leurs études le plus rapidement possible pour ensuite trouver "une bonne job". On méprise souvent les techniques collégiales (DEC) et encore plus les diplômes d'études professionnelles (DEP). On veut des BAC, des Maîtrises, quelque chose de prestigieux, quelque chose qu'on aura pas honte de dire tout haut.

"Mon fils étudie en neuroscience", ça se dit bien le torse bombé, comme si c'était grâce à nous comme parent, comme si c'était *notre* réussite.

Certains étudiants vont s'y accrocher plus que d'autre.

Certains parents vont donner plus de liberté de choix et de pensée que d'autres.

Et lorsqu'on mature, lorsque que notre cerveau devient jeune adulte et qu'on devient plus indépendant, nous sommes déjà *brainwashés* des valeurs de nos parents et de la société. Ça ne nous viendra même pas à l'idée de se questionner là-dessus puisqu'on pense, que dis-je, on est convaincu d'avoir ces mêmes valeurs.

Peut-être les avons-nous réellement aussi.

Mais sans faire cette introspection, sans oser douter et se remettre en question, il est difficile de le savoir avec certitude. D'oser se dire que peut-être, juste peut-être, nos parents n'ont pas la science infuse. Que nos parents n'ont pas obligatoirement raison juste parce que ce sont des parents. Que ce qu'ils qualifient de "pour notre bien" n'est peut-être pas pour **notre** bien mais pour le leur i.e. celui qu'ils auraient voulu quand ils étaient adolescents. Ou simplement parce que c'est comme ça qu'il ont, eux-même, été *brainwashés*. Oui, on veut tous que nos enfants soient heureux et sans problèmes financiers. Mais on oublie que leurs standards ne sont pas obligatoirement les nôtres. Que de profiter de la vie, pour certains c'est explorer le monde, c'est partir en vacances ou en camps d'été dans les montagnes. Pour d'autre, c'est la stimulation intellectuelle ou artistique, c'est apprendre, c'est approfondir ses connaissances, c'est créer des projets seul dans son sous-sol, et pour d'autre encore, c'est faire une différence dans une communauté, qu'elle soit virtuelle ou pas.

Comme mentionné plus haut, pour certains parents, même les meilleures notes ne seront jamais assez. Une des causes fréquentes d'anxiété et de manque d'estime de soi chez les étudiants est de vivre en fonction de rendre fiers des parents éternellement insatisfaits. De ne "pas décevoir".

Déjà, avoir comme but de rendre ses parents fiers est un dangereux piège. Face à des parents pour qui on aurait toujours "pu faire mieux", c'est simplement dévastateur de ne jamais les satisfaire. Comme expliqué plus haut, il est normal, même instinctif de se fier au regard de nos parents comme indication de ce qui est acceptable ou pas. Quand on est enfant. Quand on a pas encore acquis la capacité de le faire nous-même.

Un des problèmes avec notre société c'est qu'on nous convainc qu'on doit se fier à l'opinion de nos parents tant qu'on ne devient pas complètement indépendant nous-même, ou même parfois pour toute notre vie. Donc même à 17 ou 20 ans, non seulement on se fit encore à 100% au regard de nos parents mais pire, ça reste un but à atteindre. Un but inatteignable. Parce que même avec un 92%, on aurait pu faire mieux. Un parent qui n'est jamais (ou rarement) satisfait de nous, de nos efforts et de nos résultats a pour conséquence que nous non plus, ne sommes jamais satisfait de nous-même. Et vivre une vie en étant insatisfait de nous-même est la recette parfaite pour l'anxiété et la dépression.

TL;DR : donner trop d'importance à rendre ses parents fier est un des ingrédients importants d'anxiété et de dépression à l'adolescence et comme jeune adulte.

"Tu aurais pu faire mieux".
Non.
C'est faux.
On ne pouvait pas faire mieux.
On a fait ce qu'on a pu dans le moment, dans ce contexte, avec ce qu'on avait à ce moment-là (donc, notre mieux dans les circonstances). Toujours et dans tous les aspect de la vie, on fait de notre mieux.
On lit une question et on ne la comprend pas. Si notre prof ne veut pas nous l'expliquer, qu'est-ce qu'on peut faire de plus? La relire 20 fois? Est-ce qu'on va vraiment la comprendre plus à la 16e relecture? On peut tenter de trouver des synonymes pour les mots qui feront peut-être plus de sens pour nous, mais notre contrôle de la situation est plutôt restreint.
Si le stress nous fait oublier notre matière, comment est-ce qu'on aura pu faire mieux? En n'était pas stressé? Oui, peut-être mais

nous le sommes, là. Le cerveau n'est pas une machine où on peut simplement faire un CTRL+F pour trouver l'information.

Si on ne se souvient pas avoir vu la matière de la question, qu'est-ce qu'on aurait pu faire de plus, concrètement?

Si on avait pu, à ce moment, faire mieux, on l'aurait fait. Ça serait surprenant de voir un étudiant arriver devant un examen et, par exprès, décider d'omettre des détails importants de réponse . On fait tous du mieux qu'on peut dans les circonstances.

Ce qu'il faut comprendre c'est que "notre mieux" change d'une semaine à l'autre, d'une journée à l'autre, d'une heure à l'autre. Notre mieux dépend de notre énergie, de notre humeur, des situations qui se passent dans notre vie, de notre stress, etc.

Notre "mieux" aujourd'hui n'est pas notre "mieux" d'hier ou de demain.

Si on pense qu'on aurait mieux réussi si on avait plus étudié et/ou moins procrastiné, c'est une occasion d'apprendre de la situation et changer notre façon de faire pour la suite. Mais on doit comprendre que devant notre examen, on aurait quand même pas pu faire mieux.

La question n'est pas qu'est-ce qu'on aurait pu faire mieux, **mais qu'est-ce qu'on peut faire à l'avenir pour que le reste de la session soit plus à l'image de ce qu'on aimerait?**

Notre société est contre-nature

Définissons d'abord ce qui est naturel et contre notre nature dans ce contexte de l'apprentissage et du développement humain. Ce n'est pas la technologie ou les différentes matières synthétiques de se vêtir. Ce n'est pas non plus une question d'orientation ou d'identité sexuelle ou même de société basée sur l'économie et le marché. Ce qui est naturel dans le développement psychologique de l'humain ce n'est pas uniquement de retourner vivre dans les bois. L'humain évolue, découvre, s'adapte et se divise en autant de sociétés que de pays (195 en 2020). Chacune de ces sociétés ont leur culture et leur ensemble de lois et de règles, écrites ou non. Et la façon dont chaque société est bâtie a beaucoup plus d'impact sur le développement psychologique de ces habitants qu'on le pense. Peu importe la société où on vit et la culture dans laquelle on a grandi, l'être humain est le même dans ses besoins, dans ses émotions, dans son fond.

Peu importe l'endroit, la culture ou la société, dérober l'humain de sa liberté psychologique et émotionnelle (pour ne parler que de celles-là) aura des conséquences malheureuses sur sa santé psychologique.
Prenez un husky, par exemple.
Un chien reproduit en ciblant certaines caractéristiques importantes et désirées pour la race, comme le besoin de travailler, d'être encadré par son maître, l'enthousiasme de répondre adéquatement aux commandes ainsi que l'énergie et l'endurance pour tirer un traîneau pendant de longues périodes de temps. Malgré le chien comme bête à part entière, la façon dont il a été éduqué et le pays où il est né, ces caractéristiques générales sont à la base de son être. C'est également connu qu'un husky qui n'a pas suffisamment d'exercice pour dépenser son énergie ou qui n'a pas son besoin de travail comblé devient un destructeur dans la maison et a tendance à se sauver.

Pour avoir un husky heureux, on doit prendre ses caractéristiques de base en considération et lui donner un environnement où il pourra s'épanouir. Nous ne sommes pas des chiens, mais l'humain fonctionne de façon similaire. Il est important de se comprendre comme être humain, comprendre ce qu'il y a de commun à notre espèce et quels sont les impacts d'en être privé. Nous aussi, à vivre dans un environnement qui n'encourage pas l'expression de ce qui fait partie de nous, on aura envie de tout détruire et de se sauver.

D'abord, qu'est-ce qu'on entend par "société"? C'est qui, "la société"? Dans ce livre, j'utilise le terme société pour parler de tout le monde et de personne à la fois. De quelque chose de plus haut que l'individu ou que le gouvernement. C'est l'ensemble des valeurs, règles non-écrites et croyances (pas nécessairement croyances spirituelles) que tout le monde s'accorde pour dire que oui, on décide de vivre en concordance avec cela. Donc la société, c'est nous, c'est eux, c'est tout ceux qui acceptent de vivre selon ces valeurs, règles et croyances. Ça va de soi. C'est la vie, c'est comme ça.

Dans notre société canadienne et québécoise, comme nous l'avons mentionné plus haut, on valorise beaucoup ses citoyens de part leurs réussites professionnelles. Même sans le vouloir consciemment. C'est tellement ancré dans notre vie de tous les jours et dans notre éducation familiale et scolaire qu'on ne remet même pas cela en question. On ne pense pas que c'est propre à notre société, et que dans les autres pays, c'est peut-être différent. Il y a des pays où la pression de performance est encore pire, comme au Japon où, jusqu'à récemment, c'était tellement fréquent de retrouver des citoyens morts dû à la surcharge de travail qu'il y a un mot pour cela : karoshi. Mais il y a des pays comme la Hollande où c'est l'inverse et où le gouvernement supporte et encourage ses citoyens à garder une vie professionnelle balancée avec la vie personnelle (et où la moyenne d'heures travaillées par semaine est autour de 30, comparativement au Canada avec 37.7).

On comprend donc que de penser que la façon dont on vit dans notre pays est "juste normale", que c'est comme ça, que c'est la vie, est aussi complètement faux. C'est normal pour nous, mais pas nécessairement pour les autres sociétés. Ce qui rend toute cette normalité très relative.

Mais qu'est-ce que ça change de savoir ça? On demeure ici, on doit quand même s'y conformer pour fonctionner.

C'est vrai. Mais de savoir que notre façon de vivre n'est en fait que sociétal nous permet, entre autre, de commencer un questionnement face à nous-même. Ce faisant, nous sommes plus aptes à faire des choix conscients et volontaires face à comment on veut vivre notre vie dans ce système. Aussi, ça permet de laisser plus de place à ce qui fait partie de notre essence comme humain, à nos besoins, nos émotions, et vivre plus heureux dans un système imparfait.

Qu'est-ce qui est naturel alors?

Être serein/bien dans sa peau/en paix intérieure.

Agir en concordance avec nos émotions et notre intuition.

Ressentir des émotions et sentiments. Toute la gamme.

Cultiver des rêves et objectifs personnels.

Notre système est basé sur une illusion

On doit se rendre compte que toutes ces pressions qu'on a sur nos épaules, de performance, de se dépêcher à finir nos études, d'avoir une "bonne job" et même cette croyance que pour "ne manquer de rien", il faut faire au moins 50k par année, c'est tout une illusion. Ce n'est pas la réalité. C'est un lavage de cerveau collectif. Je sais que juste de lire ces dernières lignes, la majorité d'entre vous vont être en désaccord avec moi sans même prendre le temps de se poser la question. C'est tellement ancré dans notre cerveau collectif qu'on ne pense même pas à le questionner et pire, on réagit fortement à la possibilité de le questionner. Une vérité qui confronte ce qu'on a toujours connu de notre monde n'est habituellement pas reçu à bras ouvert. Ça déstabilise. On n'en veut pas. On oublie même qu'il y a d'autres cultures, ailleurs dans le monde, qui sont différentes de la nôtre. Et il y a beaucoup plus de fausses notions qu'on nous inculque, comme les rôles de genre, la politesse et même la monogamie. Ce qui "va de soit", ce sont des choses enseignées. Enseignées par la société selon ce qu'on croit être bon ou utile.

Aller à l'école. Travailler 40h par semaine. Être en couple. Avoir une maison. Avoir des enfants. Avoir sa voiture. Mettre dans ses REER pour pouvoir profiter de la vie **éventuellement**.

Qu'on parle de loi ou de valeurs, ça a été enseigné comme des vérités, vérités qui diffèrent même parfois d'une famille à l'autre (pour vous montrer à quelle point c'est juste dans nos têtes).

Vous connaissez l'histoire du jambon? (Il y a une version rôti aussi)

Il était une fois, une famille tout ce qu'il y a de plus traditionnelle et "normale". À chaque année pour Noël (même s'il ne sont pas vraiment pratiquant ou croyants, Noël est une "tradition"), le père fait cuire un jambon pour la famille. Comme à chaque année, il coupe le jambon en deux parties inégales, met chacune des parties dans un plat différent, les assaisonne et les met au four. Sa fillette le regarde faire et lui demande :

"Papa, pourquoi tu coupes le jambon en deux?"

Son père la regarde et lui dit :

"Tu sais, ma maman a toujours fait le jambon comme ça, et il a toujours été excellent, comme le mien!"

"Mais pourquoi grand-maman coupait le jambon en deux?"

Le père réfléchit.

"J'en sais rien. Mais c'est une bonne question! On va lui demander."

Au repas de Noël, toute la famille proche et élargie est présente. La petite fille va voir sa grand-mère et lui demande :

"Grand-maman, pourquoi tu coupes ton jambon en deux?"

Ce à quoi la grand-mère répond :

"Parce que c'est comme cela que mon papa à moi me l'a montré, et mon jambon a toujours été cuit à la perfection!"

Au fond du salon, sur une chaise berçante, un vieil homme chantonne une chanson. La petite fille le rejoint.

"Papi, pourquoi tu coupes ton jambon en deux?"

"Mon jambon?"

"Oui, pour le repas de Noël, grand-maman dit que c'est toi qui lui a montré."

L'arrière-grand-père se met à rire de bon coeur.
"Ça, ma petite fille, c'est juste parce qu'on n'avait pas de plat assez grand pour le cuire en entier."

Les règles non-écrites, qu'on s'entête à suivre parce que "c'est comme ça", avaient sûrement leurs raisons d'être avant. On met des lois et des règles selon ce qu'on croit être le mieux. Mais les temps changent et on voit les répercussions plusieurs années plus tard. Avant les années 60, on ne savait pas que fumer, par exemple, était dommageable pour la santé. On encourageait même les gens à fumer avec des publicités présentes à même l'émission de télévision. Dans les années 90, ça ne fait pas si longtemps, il était encore légal de fumer à l'intérieur des établissements scolaires et de santé. Les recommandations concernant la nourriture, sur la position de dodo de bébé, sur la sécurité routière, et plus encore, changent, évoluent et se précisent au fil des années. On se rend compte que ce qu'on croyait normal est finalement dommageable pour notre santé physique.

Mais notre santé psychologique, elle? Depuis combien d'année on vit notre vie de façon dommageable pour notre santé psychologique sans que personne n'osent ou ne pensent à prendre d'action? On demande de plus en plus de budget pour donner des services de soins en santé mentale mais le problème c'est qu'on ne fait rien, on ne change rien dans notre société, pour prévenir les dommages (ce qui serait beaucoup moins coûteux et plus efficace que de gérer ce qui s'en suit).
Comme une personne sage m'a dit un jour, "c'est super important de s'occuper des humains qui sont brisés psychologique-

ment, mais la priorité devrait de ne pas en créer d'autre!"

Cependant, est-ce que parce que c'est une illusion, c'est une mauvaise chose? Pas nécessairement. Il y a beaucoup de gens qui choisiraient ces valeurs par eux-mêmes parce qu'elle font du sens pour eux.

Mais ce qui est aussi important de souligner et d'en être conscient, c'est que beaucoup plus de personnes ne les choisiraient pas. Le fait d'être forcé à vivre avec ces contraintes (puisque "c'est comme ça, c'est tout"), a des effets négatifs sur eux et leur santé psychologique.

Si on ne peut pas aller contre les lois (quoique tout se fait quand assez de gens se mobilisent et sont créatifs), on peut très bien aller contre tout le reste. Il y a tellement d'éléments à questionner mais pour le moment, nous nous attarderons uniquement sur ceux qui sont en lien avec la performance et la réussite scolaire.

Le CÉGEP, le choix de toute une vie

À 16 ou 17 ans, on nous "prépare" pour le CÉGEP, qui est souvent uniquement vu comme porte d'entrée pour l'université. On choisit ce qu'on veut faire **de notre vie**. On choisit le programme approprié, on en a pour 2 ou 3 ans et ensuite, université. Faire son programme en plus de temps? Non! Je vais prendre du retard sur les autres! Parce que tout le monde sait que avant d'avoir un BAC, c'est impossible de profiter de la vie ou de travailler dans notre domaine. Pas question que ce soit encore plus long avant d'être libre, on en a déjà assez de l'école, on veut VIVRE. Et on ne parle même pas de faire un DEP, voyons, ça ne paie pas assez et c'est juste pour ceux qui ont pas des bonnes notes ou pas assez d'ambition. Une technique? Peut-être, mais on va sûrement faire notre BAC aussi de toute façon. Ce qui fait que entre 22 et 24 ans, on a notre BAC et nous voilà enfin prêt à commencer notre vie. Fini l'école! ...

C'est vrai qu'au CÉGEP ou aux études professionnelles, on va à l'école par obligation, mais plus par choix. C'est un domaine d'intérêt, on apprend les éléments importants d'un métier, ou même carrément un métier, dans le cas d'un DEP ou d'une technique. **Mais pas nécessairement le métier de toute une vie** et c'est le point important ici. Il faut arrêter de croire que les choix qu'on fait à 17 ou 20 ans pour nos études ou notre carrière doivent être les choix d'une vie. On peut très bien rester dans notre premier "emploi d'adulte" ou domaine d'étude toute notre vie, bien évidement, mais partir avec la conviction qu'on **doit** y rester pour toute notre vie est déjà une grande source de stress inutile.

C'est clairement normal de devenir anxieux si on est convaincu que notre vie professionnelle en entier n'est déterminée que par notre performance et nos choix scolaires entre 17 et 20 ans. Cependant, et c'est important de le souligner, une porte fermée n'est pas fermée à clé ni fermée pour toujours. C'est important de le mentionner car à cet âge, il est très probable que nous ne soyons même pas 100% certains de ce qu'on veut faire de notre vie. D'après un sondage effectué auprès de québécois.e.s de 25 ans et plus, 69% des répondants ont affirmé ne jamais s'être douté être, à 20 ans, dans l'emploi qu'ils occupent maintenant, des années plus tard. Seulement 13% affirment avoir trouvé leur voie aussi tôt que 17 à 20 ans. C'est 1 personne sur 10. Une autre donnée intéressante est que 71% des répondants affirment que entre 17 et 20 ans, leurs plans de carrière avaient changé du tout au tout.

Donc, *no stress*!

On ne sait jamais ce qui va arriver dans notre vie. Dans quel chemin on va évoluer? Qu'est-ce qu'on va découvrir dans ce chemin de vie? Personne ne peut prévoir. Tout ce qu'on peut faire c'est avancer avec les connaissances et visions du futur qu'on a en ce moment. Quand j'ai commencé mon programme en intervention (qui est un retour aux études à 33 ans), j'avais une idée super claire d'où je voulais travailler avec mon diplôme. J'étudiais uniquement dans le but de me rendre dans un type d'organisme communautaire précis.

3 ans et demi plus tard, mon but d'environnement de travail avait changé du tout au tout. J'ai fini par trouver mon emploi de rêve que jamais j'aurais cru vouloir et/ou aimer au début de ma technique.

On découvre, on change, on se précise.

Et ont fait ça toute notre vie.

Donc il faut se demander non pas qu'est-ce qu'on aimerait faire de notre vie, mais qu'est-ce qu'on aimerait faire comme "premier emploi d'adulte" pour les quelques prochaines années.

L'emploi ou le domaine professionnel qui nous permettra de commencer à goûter à la vie d'adulte (avoir son chez soi, faire une différence dans l'entreprise ou la structure où on travail, mettre de l'argent de côté pour des voyages ou projets, ne plus avoir d'études et de devoirs, etc).

Et ce chemin professionnel n'est pas obligatoirement un BAC. Ça peut être un DEP ou une technique dans la même branche que le diplôme universitaire qu'on convoite (exemple : faire une technique en travail social, travailler dans le domaine tout en faisant un BAC en travail social à temps partiel de soir). Si notre but est d'être sur le marché du travail le plus vite possible, qu'on ne veut pas "perdre notre temps", c'est beaucoup plus efficace et beaucoup moins stressant de choisir un DEP ou une technique au collégial d'abord, et l'université ensuite à temps partiel. Avec un DEP/DEC, on a un diplôme et ce diplôme nous ouvre des portes et ce, rapidement. De plus, en travaillant dans le domaine, notre chemin professionnel se précise encore plus alors qu'on prend de l'expérience. On a même beaucoup plus de chance d'avoir un meilleur poste après notre BAC que notre collègue qui n'a pas d'expérience dans le domaine.

Donc, je répète, si notre but est de commencer notre "vie d'adulte" le plus vite possible, le meilleur chemin est : faire un plus petit diplôme dans notre domaine pour ensuite y travailler, prendre de l'expérience, faire sa place, préciser sa direction professionnelle et continuer les études à temps partiel.

Je ne veux pas perdre mon temps!

Mais parlons-en de "perdre son temps" (que ce soit à cause d'échecs ou d'avoir décidé faire son programme en plus de session que recommandé). Je remarque que la peur de perdre son temps ajoute un stress complètement inutile.

Je pose souvent les questions : Perdre son temps par rapport à quoi? À ce que la société dit qu'on devrait faire? Par rapport à nos amis qui auront leurs diplômes avant nous? En quoi faire des études moins stressantes nous fait perdre notre temps? C'est quoi, de toute façon, perdre son temps? La vie n'est pas une course. Je comprends totalement le sentiment d'avoir donc hâte de passer à autre chose que les études. Mais on oublie qu'l y a une vie à vivre conjointement aux études.

Il est beaucoup plus sage de prendre son temps pour que les études restent agréables et gérables que de se dépêcher et de se détruire psychologiquement. Et en prenant son temps, on a donc plus de temps pour VIVRE, justement. Pour expérimenter autres chose que juste les études encore.

Oui, si les DEC sont suggérés en 2 ans (ou 3 ans pour une technique), c'est que c'est faisable. Mais comme dans tout, ça dépend tellement des gens. Ce n'est pas parce que c'est ce qui est en place que c'est la meilleure façon de faire pour tous.

7 ou 8 cours par semaine, c'est beaucoup. Pas nécessairement en matière d'heure de cours (entre 21 et 31 heures de cours par semaine, donc plus ou moins l'équivalent du secondaire), mais plutôt à cause des travaux.

Déjà, une chose à savoir, c'est que les cours au CÉGEP et les cours au secondaire, c'est très différent.

Au secondaire, chaque cours dure 1 heure 15 minutes et le temps de cours magistraux versus exercices est divisé souvent 50/50. L'élève fait ses études à la maison et, dépendamment des cours, quelques devoirs et travaux.

Au CÉGEP, les cours sont par bloc de 2 à 5 heures (avec une

ou des pauses) et sont majoritairement magistraux. En général, à moins d'être un cours spécifiquement pratique (comme des cours de langues ou de labo), une toute petite portion des cours est allouée aux exercices, lorsque exercices il y a. Ce n'est pas rare d'assister à des cours de 3 heures où ce n'est que de l'enseignement magistral du professeur. Il faut donc trouver sa façon de rester attentif (nous y reviendrons dans la partie sur l'apprentissage).

Est-ce que ça veut dire qu'il n'y aura plus de devoir et d'exercices à faire? Non.

Il y a des cours où, effectivement, les profs ne demandent pas de faire des devoirs ou d'exercices à la maison. La majorité des cours, en fait. Mais pour les cours qui demandent de faire des devoirs, ce n'est quand même pas le problème majeur qui vient avec 6 à 8 cours par semaine.

Ce sont les lectures et les travaux.

Prenons un exemple où vous avez 7 cours qui totalisent 23 heures par semaine.

La plupart des cours vont vous demander de faire des lectures soit pour concrétiser et/ou mieux assimiler le cours précédent, soit pour se préparer au prochain cours. Des lectures pouvant aller de 2 à 10 ou 15 pages et parfois même plus.

Donc si, sur vos 7 cours, 4 vous demandent des lectures de 10 pages pour la semaine prochaine, vous avez déjà 40 pages à lire cette semaine et possiblement surligner et annoter. Dépendamment de votre type de lecteur, ça peut prendre de 2 à 5h.

Donc du 23 heures, ajoutons 3 heures pour la lecture et prise de note. Nous sommes à 26 heures.

En général, les étudiants sont évalués avec examens, travaux et présentations orales, tout au long de la session. Les travaux sont longs (souvent plus de 3 pages) et demandent souvent une recherche et une méthodologie précise. Et les travaux sont habituellement tous à remettre dans les mêmes 3 semaines. 6 ou 7 travaux de 5 pages qui peuvent chacun prendre facilement 5 heures à faire (on est rendu à 25 heures divisées en 3 semaines, donc environs 8h par semaine de travaux). Du 26 nous sommes maintenant à 34 heures par semaine de cours et travaux.

Et ceci, sans compter les livres complets à lire dans les cours de français.

Dans ces 34 heures, plusieurs étudiants doivent (ou choisissent) d'avoir aussi un emploi de 10 à 15 heures par semaine. Nous sommes maintenant à 44 - 49 heures de travail par semaine (ou 34, sans emploi), en moyenne.

44 heures, c'est beaucoup trop. 34 heures, c'est limite.

Si on garde uniquement 4 cours, ça équivaut, si on a un emploi, en moyenne à 34 à 39 heures par semaine de travail (ou 24 heure sans emploi). 34-39 heures, c'est limite, mais 24 heures est beaucoup plus gérable.

On ne se sent pas pressé dans le temps, on a même le temps de prendre soin des autres sphères de notre vie (sociale, familiale, personnelle) et ça a un impact bénéfique sur notre psychologique et sur nos résultats.

Il n'est pas rare, au CÉGEP, d'avoir l'impression d'avoir 6 travaux à remettre en même temps. Les professeurs ne se parlent habituellement pas (mais ça peut arriver dans les techniques) pour faire en sorte que les travaux à remettre soient bien répartis. Non seulement c'est totalement correct de décider de prendre une année de plus pour faire son programme, mais en plus, je le recommande fortement.

Par rapport à avoir peur de perdre son temps en allant dans un programme qui, au final, nous servira peut-être à rien, rappelez-vous que vous ne pouvez pas prendre de décisions sur un sujet dont vous ne connaissez pas l'existence. Je n'aurais jamais pu, à 20 ans, aller tout de suite en travail social. Je n'étais pas du tout là dans mon développement personnel et dans ma connaissance de moi-même. Même si on m'avait dit de faire des études en inter-ventions sociales à ce moment, j'aurais probablement dit quelque chose du genre "heuu *what the fuck*, non?". On ne peut que faire un choix que d'après ce qu'on connaît.

Le temps n'est pas perdu si on apprendre à VIVRE tout en faisant nos études.

Ne manquer de rien

Ne manquer de rien, pour certains, c'est avoir la maison, la voiture et pouvoir se payer un voyage par année. Pour d'autres, c'est simplement avoir un toit sur la tête, de la nourriture sur la table et un bon livre. Ne "manquer de rien" c'est vague et subjectif. Il y a autre chose à la vie, malgré ce que notre société de consommation tente de nous inculquer, que les possessions matérielles et financières. Il y a les contacts humains, la création artistique, la stimulation intellectuelle, le développement de soi. C'est à chacun, alors qu'on grandit et que notre cerveau mature, à réfléchir et choisir pour soi, ce que ça signifie pour NOUS, de ne manquer de rien. On doit le faire en faisant abstraction de ce que nos parents nous ont appris. Se remettre en question même si on croit qu'on est sûr de nos choix. De toute façon, honnêtement, se remettre en question sur notre vie et nos choix, on devrait le faire régulièrement au cours de notre vie.

Il faut un bon salaire, dans notre société capitaliste de consommation, pour "ne manquer de rien". Et c'est normal que nos parents veulent pour nous qu'on ne manque de rien. Ils veulent qu'on ne se casse pas la tête à chaque fin de mois pour payer nos factures et qu'on puisse profiter de la vie sans compter notre monnaie. C'est compréhensible. Mais ce que ça dit également c'est que pour "ne manquer de rien", donc "tout avoir ce qu'on a besoin", on ne parle qu'en terme d'argent. Comme si l'argent était tout ce qu'on avait besoin pour "ne manquer de RIEN". Je mets l'accent sur le "rien". J'ai assez d'argent pour avoir une belle maison et partir en voyage, j'ai donc également de bons amis de confiance, des passe-temps stimulants, des rêves à atteindre, la paix d'esprit, un.e amoureux.se merveilleux.se, des enfants et aucun problèmes de fertilité, un emploi qui me permet de me dépasser, et quoi d'autre encore.

Avoir un salaire à la hauteur de notre niveau de vie est uniquement UNE des sphères de la vie, et ça ne fait pas du tout de nous quelqu'un qui ne manque de rien.

C'est une preuve que notre société est basée non pas sur l'humain mais sur l'économie : manquer de rien, ça veut dire avoir assez d'argent pour pouvoir acheter tout ce dont on a besoin. Comme si tout ce qu'on a besoin, comme humain, s'acquiert avec de l'argent. Toutes les autres sphères de la vie qui ne s'achète pas, comme l'amitié, l'amour, les projets personnels, la stimulation intellectuelle, la paix intérieure, la motivation de se lever chaque matin pour attaquer la journée avec le sourire, on en parle pas?

Avoir beaucoup d'argent nous évite des maux de têtes et du stress, c'est vrai, mais pas tous les maux de tête et pas tous le stress. Et surtout, est-ce que ça fait de nous une personne comblée dans toutes les sphères de notre vie et qui, littéralement, ne manque de rien?

Oh que non.

Mais si on jouait le jeux. Et si on se disait que le salaire détermine notre bonheur dans la vie. Quel serait le salaire adéquat pour être qualifié de "bon salaire"? 50k? 70K?

	Personne 1 Vit seule	Personne 2 En couple	Personne 3 En couple avec 2 enfants
Loyer	3½, 800$/mois	4½ (besoin d'une pièce bureau) 950$ /mois	5½, 1100$/mois
Hydro	60$/mois	80$/mois	90$/mois
Cellulaire	65$/mois	120$/mois	120$/mois
Internet	60$/mois	60$/mois	Internet + téléphone 120$/mois
Télévision	Netflix/Disney+, 25$/mois	Netflix/Disney+, 25$/mois	Illico, 60$/mois
Automobile	-----	-----	300$/mois
RTL/STM	80$/mois	241$/mois (une RTl une TRAM3)	----------
Nourriture	200$/mois	350$/mois	600$/mois
Cours	-----	-----	Karaté, 20$/mois
$ de poche	100$/mois	200$/mois	250$/mois
ÉPARGNE	400$/mois	400$/mois	400$/mois
Vêtement, resto, et autres	120$/mois	200$/mois	350$/mois
Dettes	60$/mois	150$/mois	200$/mois
Voyages	-----	225$/mois	-----
TOTAL	985$ /2 sem (25 610$ /an)	1500$ /2 sem (39 000$ /an) (divisé en 2 personnes)	1805$ /2 sem (46 930$ /an) (divisé en 2 personnes) Cette famille recevra également quelques centaines de $ par mois en allocation familiale gouvernementale.

Ce tableau est approximatif du minimum requis pour tous payer, se donner de l'argent de poche et économiser 400$ par mois. Et nous ne somme même pas à 50k pour une famille de 2

parents, 2 enfants (sans oublier qu'une fois avec des enfants, les allocations fédérales et provinciales d'aide aux familles font partie du revenu mensuel. On parle de 300 à 1200$ par mois de plus, selon le salaire familial).
Oui mais, me direz vous, moi j'ai beaucoup plus de dépenses!

Ce qui m'amène à la conclusion de ce point : Tout revient à nos choix de vie, à nos valeurs, à nos priorités. Si on a grandi dans une famille qui encourage l'obtention de biens et les voyages et qu'on désire garder ce train de vie, pour nous, "profiter de la vie" inclut les voyages et pouvoir acheter ce qu'on veut sans budgéter. Pour nous, ne pas pouvoir aller en voyage à chaque année peut vouloir dire de se priver alors que pour le voisin, les voyages sont très loin dans sa liste de priorités. Par contre, il veut pouvoir se permettre d'acheter les thés de la meilleure qualité possible même si ça totalise 200$ par mois. D'autres auront les animaux de compagnie (et toutes les dépenses qui s'en suivent) comme priorité.
Certaines personnes veulent pouvoir utiliser leur argent quand ils le désirent et pour d'autre, faire un budget, le suivre et budgéter les grosses dépenses est sécurisant.
Nos priorités ne sont pas toutes au même endroit et donc, il est important de se connaître, voire même de faire sa liste de dépenses nécessaires et importantes pour nous. De voir sur quoi on pourrait couper dans les limites de notre confort. De faire la différence entre besoin et luxe. Se permettre du luxe, c'est bien. Mais il faut être conscient que c'est du luxe et non un besoin.
Se faisant, on peut même prendre l'occasion pour réaligner nos priorités. Se rendre compte que ce que nos parents nous ont offert est le résultat de plusieurs années de travail et de montage

d'échelons salariaux. Qu'ils ont dû faire leur place dans leur domaine professionnel pour avoir le salaire qui suit l'expérience et l'ancienneté. Et ils sont souvent deux parents donc deux salaires. D'aspirer à avoir tout cela dès notre diplôme en main est un but difficilement atteignable, voire impossible. Même un médecin au début de sa carrière gagne à peine 60K par année. Souvent, il faut commencer avec un salaire de 30k et vivre dans un 3 et demi pour se rendre à 100k, 10 ans plus tard avec sa maison.

Pour avoir une bonne job

Il y a 168 heures dans une semaine.

On en dort idéalement de 49 à 56. On en passe environs 15 (dans les 5 jours de travail combinés) le matin à se préparer pour le travail, faire le trajet pour s'y rendre et revenir à la maison. On passe 40 heures par semaine au travail. Le soir et nos fins de semaines totalisent environs 60 heures où nous sommes à la maison, à relaxer, à travailler sur nos projets personnels mais aussi à faire du ménage, les commissions, la nourriture.

On a donc pratiquement autant de temps à nous que de temps au boulot (ce temps est juste divisé différemment), d'où l'importance d'aimer non seulement ce qu'on fait mais aussi notre environnement de travail.

Alors c'est quoi "une bonne job"?

J'ai posé la question sur les médias sociaux :

"Travailler avec des gens qui te font te sentir bien" - Patricia

"Une bonne job c'est un endroit où tu aimes travailler" - Christine

"Un emploi où tu as de l'intérêt et des compétences dans les tâches accomplies, et ce, dans de bonnes conditions, dans une entreprise éthique. Bonne ambiance + la capacité de se projeter dans les années futures" - Martine

"Une job que t'aimes, où t'es bien, qui t'apporte des défis mais aussi des moments où tu *rushes* pas trop et qui te permet de subvenir à tes besoins." - Sophie

"Un endroit où tu peux grandir. Capable d'être conciliant côté familial. De bons avantages sociaux. Bonne harmonie. Un endroit où l'on se sent supporté. Où l'on se sent apprécié. Quand on se lève pour aller travailler, que ça ne semble pas la pire des corvées!" - Steve

Étrangement, personne ne parle de "bon salaire". On parle de se sentir bien, utile, et stimulé. Oui il faut un salaire pour subvenir à nos besoins. Pour mettre de l'argent de côté et se gâter un peu. Si notre vie est agréable, remplie, stimulante et gratifiante, le besoin de se gâter de façon matérialiste devient automatiquement moins fort, moins important, puisque nous stimulons la production de dopamine (hormone du système de récompense) de d'autres façons et j'oserais même dire, de façon plus saine.

Et, comme dit plus haut, notre chemin professionnel change et se précise au fil du temps.

Commençons simplement par trouver un premier emploi dans un domaine qui nous intéresse et qui nous stimulera et tout suivra en son temps.

C'est bien beau tout ça, mais c'est pas aussi simple.

C'est vrai. Surtout quand on demeure encore chez nos parents. Même si on comprend ce qui se passe et qu'on souhaite faire des changements pour nous, le pouvoir, les valeurs, les critiques et les rêves que nos parents ont sur et pour nous peuvent être des obstacles de taille. Avec tous nos efforts pour garder nos buts en tête, de vivre au quotidien les remarques de nos parents aura un impact. On a peut-être pas envie de composer avec ce risque. Certains parents peuvent devenir hostiles ou faire de la violence et/ou du chantage économique (ex : si tu changes de programme, je ne paye plus tes études).

C'est une grosse décision que d'aller à l'encontre de ce que nos parents s'attendent de nous, que dis-je, ont décidé pour nous, que ce soit par rapport au programme choisi, au temps qu'on prendra pour obtenir nos diplômes ou le niveau de nos résultats. Mais j'espère que tout ce que vous avez lu jusqu'ici plantera la petite graine qui sera le début d'une reprise du pouvoir sur vous et sur votre vie qui commence à peine.

Vous seuls êtes en mesure de savoir quand et comment reprendre votre vie en main. N'hésitez pas à demander d'être accompagné par un.e professionnel.le en soutien psychologique pour avoir la force de se lancer, pour savoir par où commencer, etc.

Et n'oubliez pas : Ce n'est pas notre responsabilité de rendre nos parents fiers de nous.

C'est LEUR responsabilité d'être fiers de leurs enfants, peu importe leurs choix de vie.

En résumé

Nous vivons dans une société dont plusieurs aspects sont nuisibles pour notre santé psychologique et notre bonheur en général. La société, notre famille et nous-même nous mettent tellement de pressions sur nos épaules pour des raisons qui n'existent pas vraiment.

Ces pressions nous rendent anxieux car nos objectifs sont souvent difficiles à atteindre. Ils sont difficiles à atteindre mais on croit qu'ils sont faciles parce que "tout le monde le fait" et donc, on se sent coupable, poche ou pas intelligent de ne pas y arriver.

La première étape est de s'en rendre compte.

Ensuite, qu'est-ce qu'on fait avec cela? Avec nous? Avec notre futur?

Notre chemin est le nôtre et c'est la beauté de notre vie. Avoir des rêves à longs termes, oui à 100%! Mais on doit rester flexible car on change, la vie change, nos goûts changent, on découvre.

Réfléchir à ce qui est important pour nous et quelles sont les étapes pour l'obtenir, tout en gardant en tête que ça prend du temps et de la planification.

Maintenant qu'on travaille à se défaire des pressions sociales et familiales de performances et de rapidité, nous sommes quand même à l'école et même si on devient plus relax face à notre chemin de carrière, reste que de passer du secondaire au CÉGEP est une grande étape qui peut être déstabilisante. Savoir étudier est une compétence à acquérir.

Comment être efficace dans nos études et prendre notre apprentissage en main? La 2e partie, l'art d'étudier et apprendre, tentera de décortiquer le tout, tout en proposant des méthodes dont l'efficacité a été prouvée.

2

Prendre en main son apprentissage

Ce qui revient souvent dans le discours des étudiants avec qui je travaille, c'est à quel point on ne prépare pas les élèves de 5e secondaire à leur entrée au CÉGEP. On leur dit un peu à quoi s'attendre, que ça va être plus de matières, qu'il va falloir étudier plus, s'organiser comme il faut. Mais on s'arrête là. On ne prend pas le temps d'accompagner les finissants du secondaire dans l'apprentissage de ce que c'est de prendre des notes durant un cours, dans l'acquisition de méthodes d'organisation personnelles à chacun.e et dans l'adoption de bonnes habitudes d'études.

Au secondaire, ça reste facile pour plusieurs de réussir ses cours sans trop d'étude à la maison. Et c'en est ainsi depuis le primaire en fait. On n'a, en général, pas appris à étudier ni à organiser notre travail. On arrive au CÉGEP et on frappe un mur. Dès la première semaine, on peut recevoir de 10 à 50 documents partagés par les profs et, à moins d'exceptions, on commence la matière dès le premier cours.

On a pas de transition entre le secondaire et de CÉGEP et on dirait que l'école s'attend à ce que tout coule facilement et naturellement. Oui, ça peut très bien aller, mais ça peut être aussi une adaptation difficile et épuisante.

Qu'est-ce que c'est que le CÉGEP? C'est un collège, d'enseignement général et professionnel. Ça fait partie des enseignements supérieurs et ce n'est pas nécessairement pensé pour être la suite logique du secondaire, comme le secondaire l'est pour le primaire. C'est un autre type d'enseignement et si on l'attaque de la même façon qu'on s'est débrouillé au secondaire, on risque d'avoir beaucoup de difficulté.

Oui, il y a quand même des similarités. On suit des cours donnés par l'enseignant pour apprendre des matières et ensuite se faire évaluer.

Mais ces enseignants s'attendent à se retrouver en face d'adultes, et nous traitent comme tels. Nous ne sommes plus les ados du secondaire qui sont là par obligation. Nous sommes de jeunes adultes en apprentissage de métiers ou de matières importantes relatives au futur métier. Évidement, ce n'est pas toujours ce qui se passe dans la réalité. Le fait d'être au CÉGEP n'est pas gage que tout à coup, nous sommes des adultes accomplis et organisés. Heureusement que vous avez ce livre entre les mains pour vous aider à faire la transition vers l'âge adulte de façon plus douce.

Les études universitaires et collégiales demandent beaucoup d'auto-discipline. Nous devons nous-même prendre notre éducation en charge. Nous sommes au CÉGEP parce que nous l'avons choisi ; nous avons fait les démarches pour être accepté dans un programme et nous avons payé notre session. Si ce n'est pas notre choix, il serait judicieux de (re)lire la partie 1 de ce livre et de prendre le temps de se questionner sur ce qu'on veut pour notre vie.

Faire travailler sa mémoire

Lorsqu'on parle d'apprentissage, on parle souvent de mémorisation de la matière. On doit absorber les informations, s'en souvenir. On va être évalué, pas le temps d'oublier ce qu'on a appris. Mais l'avons-nous vraiment appris? Si je vous demande quelle couleur apparaît en mélangeant bleu et jaune, vous allez sûrement me dire vert. Vous le savez, vous l'avez expérimenté, bleu et jaune, ça donne vert. Vous avez peut-être même imaginé involontairement le mélange des deux couleurs dans votre tête. Vous n'avez pas répondu de par-cœur. Vous le savez, point. Les risques d'avoir un trou de mémoire devant cette question d'examen est très faible. Pourquoi? Pas parce que c'est simple comme information, mais parce que vous l'avez apprise. Vous l'avez acquise.

C'est la différence entre avoir appris quelque chose (mémoire à long terme) et emmagasiner dans la mémoire à court terme avec le par-cœur.

Alors, comment mieux apprendre?

Tout ce qui se passe dans la journée est traité comme informations stockées dans notre mémoire à court terme, qui a, sachons-le, une capacité limitée. Se souvenir de prendre notre livre avant de sortir de la maison, suive le fil d'une conversation, garder un numéro de téléphone qu'on veut ajouter dans notre cellulaire en mémoire, retenir des dates d'événements historiques. Ce sont des informations qui restent plus moins longtemps dans notre mémoire. Ces informations se volatilisent facilement si on remplit trop notre mémoire à court terme ou si on a un moment de stress. Donc, il faut apprendre. Pas simplement retenir.

Il est important de connaître son type d'apprenant et, dans le meilleur des cas, avant l'entrée au CÉGEP. Tous les trucs ne fonctionnent pas avec tout le monde et on doit découvrir comment, nous, on apprend. Certains sont plus visuels, d'autres auditifs ou encore kinesthésiques. Certains apprennent en prenant des notes et en les relisant, d'autres ne peuvent pas prendre de notes pendant que le professeur parle, ils ont besoin de toute leur attention sur le prof. Certains vont prendre un peu de note et écouter le prof en dessinant sur leur feuille de note, parce que ça les aide à se concentrer. De lire, lire et relire nos notes et manuels jusqu'à ce que la matière reste dans notre tête n'est pas la seule façon d'étudier et d'apprendre. J'irais même jusqu'à dire que c'est une façon de retenir, mais pas d'apprendre.
Tout au long de cette partie nous décrirons plusieurs méthodes d'apprentissage pour avant, pendant et après les cours.

Avant les cours

Ce qui est intéressant au CÉGEP, c'est les plans de cours. Un plan de cours est un document qui explique le cours dans son ensemble, y compris la matière qui sera vue à chaque semaine, les dates d'examens et de remises de travaux ainsi que leur pondération (i.e. ça vaut pour combien de points). Toutes ces informations, on les a dès le premier cours! Pas de mauvaises surprises. Et normalement, si un prof en déroge, il/elle va nous en informer en avance. Il est donc facile de se préparer avant le cours, de lire un peu sur ce qui s'en vient. Et, on va se le dire, c'est presqu'impossible d'utiliser l'excuse "ah mais je ne savais pas!" quand vient le temps de se préparer ou se pointer à un examen. Se préparer au cours qui s'en vient aide à la compréhension en classe et à la prise de note, puisqu'on a lu un peu le sujet du cours au préalable et dans les grosses lignes. Survoler le sujet à venir peut simplement se résumer à prendre notre manuel ou recueil de note et lire les titres, sous-titres, et les quelques premières et dernières lignes des paragraphes. Un petit 10 ou 15 minutes avant chaque cours, si on est pressé dans le temps, une demi heure, dans d'autres cas. Parfois même, c'est le prof qui donne des lectures à faire pour se préparer au cours suivant. Il faut les faire. Honnêtement. Dans la majorité des cas, l'enseignement du prof est complémentaire avec les lectures. Je dois également mettre l'accent sur l'importance de rechercher les mots qu'on ne comprend pas. Avec internet, c'est simple et rapide d'avoir une définition et des exemples. Ça évitera de se retrouver perdu lorsque le prof utilisera ces mots en classe et donc, pouvoir continuer à suivre.

Au CÉGEP et dans d'autres institutions post-secondaires, l'apprentissage ne se fait pas uniquement en classe. En tant qu'étudiant, on a une grande part à faire par nous-même en dehors de l'école. Ça fait partie de prendre son apprentissage en main. Il **faut** être prêt à mettre du temps pour approfondir la matière en dehors des cours.

Pendant le cours

La chose la plus importante qu'on puisse faire pendant le cours pour améliorer notre apprentissage, c'est d'**être présent.** Même si le prof ne fait qu'un résumé de la lecture faite au courant de la semaine, même si on connaît déjà la matière, même si c'est ennuyeux. On a payé pour ces cours, on a choisi ce programme, on a souvent même regardé la grille de cours et on savait dans quoi on s'embarquait en matière de programme d'étude.

Au CÉGEP, comme mentionné plus haut, on considère les étudiants comme des adultes et on ne va pas avertir les parents des absences. Ça peut donner l'impression que ce n'est pas grave de manquer un cours ici et là, qu'il n'y a pas de conséquences. Cependant, comme une session de CÉGEP est l'équivalent d'une année complète condensée en 15 semaines, manquer un seul cours nous fait déjà prendre un retard considérable. De plus, plus on manque des cours, plus ça devient facile de se laisser tenter à nouveau, moins ça nous dérange, et plus on s'enfonce. On prend de plus en plus de retard, parfois jusqu'à décider ne de plus aller au cours du tout (parce que de toute façon, on ne pourra jamais rattraper ce retard).

Le prof ne va courir après les étudiants pour donner sa matière et même si certains profs sont très compréhensifs des imprévus dans une vie, certains le sont moins.

Mieux vaut se présenter à tous ces cours (une autre bonne raison de diminuer le nombre de cours par session) et si nous sommes dans l'impossibilité d'y aller, s'informer auprès du prof si et quand il/elle redonne ce cours-là pour voir avec lui ou elle si on peut y assister.

En effet, la plupart des cours se donnent plus d'une fois pour plusieurs groupes différents et il est souvent possible d'assister au cours d'un autre groupe si on a un empêchement pour le nôtre.

Prendre en charge son apprentissage, c'est aussi de prendre sur soi de contacter le prof pour savoir quand on peut reprendre le cours ou du moins, quelles lectures on devrait faire pour ne pas trop prendre de retard.

C'est de notre responsabilité de contacter un collègue de classe pour avoir ses notes. S'absenter reste notre choix mais ça vient avec une conséquence qu'on doit pouvoir accepter et composer avec.

Maintenant que nous sommes dans la salle de classe, comment optimiser la situation pour avancer à un rythme adéquat selon notre système scolaire?

D'abord, il faut comprendre qu'un cours ce n'est pas un endroit où on va s'asseoir et écouter quelqu'un parler pendant 3 heures pour recracher les informations sur une feuille de papier quand viendra le temps. Pour maximiser nos sessions d'apprentissage, il faut adopter un point de vue des cours un peu différent. Quelqu'un qui commence à apprendre le dessin devra faire des lignes simples avant d'apprendre l'anatomie. Lorsqu'on apprend le piano, il faut apprendre nos gammes avant d'apprendre une pièce de Mozart. Il en est de même pour tous les apprentissages, il faut commencer au bas de l'échelle et monter. Les cours au CÉGEP sont une petite branche de notre domaine de travail. On a tous hâte d'être dans le vif du sujet mais sauter ou éviter des étapes ne nous aidera pas. Qu'on soit dans une technique ou un pré-universitaire, il y a de fortes chances qu'on doivent assister à des cours dont, on sait pertinemment, on n'utilisera jamais la matière enseignée dans notre futur emploi. Même si on est certains qu'on utilisera jamais les enseignements d'un cours en particulier, reste que ce cours fait partie du cursus scolaire du programme. Les apprentissages faits nous aideront quand même dans les fonctions de notre futur emploi, que ce soit dans la matière elle-même ou la réflexion logique.

Et même si ce n'est pas le cas, il en reste que ce sont des cours relatifs à notre domaine d'étude. Laissons donc aller notre curiosité d'en connaître plus sur ce qui nous passionne, même si on ne l'utilisera jamais dans un contexte professionnel. Plus on a de connaissances, plus on peut impressionner pendant un entretien d'embauche. Et surtout, la vie n'est pas QUE le travail. Plus on a de connaissances, plus on s'enrichit comme humain. Par contre, il est vrai qu'il y a les cours généraux obligatoires et ça peut être frustrant de ne pas voir l'intérêt d'un cours de français collégial quand on s'en va en comptabilité. Encore une fois, faisons appel à notre esprit curieux pour voir que chaque cours a sa raison d'être, si ce n'est que d'acquérir plus de culture générale.

Savoir écrire, savoir analyser, savoir penser et avoir des connaissances générales de culture est un bon bagage à avoir avec nous alors qu'on entre dans la vie d'adulte.

Maintenant, pour utiliser le temps de classe au maximum, les meilleures méthodes sont de prendre des notes et poser des questions. Cependant, il y a plus d'une façon de prendre des notes et poser ses questions, dépendamment de ce qui fonctionne avec nous.

Prendre des notes est suggéré pendant les cours. Cependant, l'idée n'est pas de faire un verbatim (mot pour mot) du prof, mais de noter les idées principales et essentielles de la matière. Mais comment savoir ce qui est important? Un petit truc : souvent, c'est ce qui va être écrit au tableau ou dans les PowerPoints. De plus, si on a pris le temps de jeter un coup d'oeil à notre plan de cours pour connaître le sujet du cours, il devient plus facile également de déterminer les concepts importants à noter. C'est une compétence à développer, d'être en mesure de déceler les éléments importants d'un discours, qui plus est, de pouvoir le faire tout en continuant de porter une attention suffisante au prof pour continuer de suivre. Dans le meilleur des mondes on devrait pratiquer cette compétence **avant** d'arriver au CÉGEP.

C'est là où d'utiliser des abréviations et symboles aide énormément. Ne pas écrire tous les mots de la phrase, uniquement les plus importants (ø écrire ts mots, juste + import. Pcq c + vite)... on dirait une formule mathématique. :|

Se faire un système à notre sauce, qu'on comprend.

Porter attention au "qui, quoi, quand, où, comment, pourquoi, combien".

Ne pas hésiter à utiliser des mots dans une autre langue, pourquoi pas, si ça permet d'écrire plus vite (une langue qu'on connaît, bien sûr, ne perdons pas de temps à incorporer des mots de swahili juste parce que).

Écrire la date et le nom du cours en en-tête de vos feuilles de notes et on ajoute la pagination à chaque nouvelle feuille. Biffer au lieu de prendre le temps d'effacer. Il sera toujours le temps de remettre au propre plus tard avec coloration syntaxique et hiérarchie des informations en prime.

Je rappelle que certains étudiants ne peuvent simplement pas prendre des notes pendant les exposés des professeurs, et ne pas prendre de notes n'est pas gage d'échec. Il est toujours mieux de comprendre 40% de la matière enseignée pendant le cours en écoutant le prof que 25% en essayant de prendre des notes et d'écouter à la fois.

D'où l'importance d'expérimenter avant d'arriver au CÉGEP.

Poser des questions.

La bête noire de bien des étudiants. On ose pas lever la main et demander des précisions. Y'a ceux en arrière qui soupirent à chaque fois. Tout le monde à l'air d'avoir compris, pourquoi moi j'ai pas compris? Ça va ralentir le cours de poser des questions. Je vais demander à mon voisin à la pause ou relire le chapitre jusqu'à ce que je comprenne.

Mais non. Vraiment, il faut oser.

Les profs ne sont pas tous super enthousiastes à répondre à plein de questions ou à ré-expliquer une notion dans le temps de classe (ce qui est contre-productif à mon avis), mais en général, ils/elles vont répondre adéquatement. Je souligne que poser des questions, ce n'est pas uniquement quand on ne comprend pas une notion. Ça permet aussi de faire un court résumé de ce qu'on a compris pour être certain d'être sur la bonne voie. On est dans les cours pour apprendre. C'est très bien, malgré ceux qui trouvent ça exaspérant, de s'assurer qu'on a bien compris. De plus, les chances sont qu'en posant une question ou récapitulant la matière, on donne un bon coup de main à d'autres étudiants qui n'ont pas osé demander.

Mais que faire si notre prof nous sort un "mais je l'ai déjà expliqué", quand on veut des précisions? Parce que oui, malheureusement, ça arrive. S'ils ne sont pas réceptifs à notre demande d'expliquer la notion différemment, on peut aller en parler à la coordination de notre programme. Ça demande de l'énergie et du temps, mais les profs sont là pour enseigner, pour aider les étudiants à réussir. Si on laisse faire ceux qui ne nous aident pas, ils vont continuer.

Mais de ne pas vouloir s'embarquer dans de telles démarches est compréhensible également. Donc quoi faire?

- **Les centres d'aides**
  Que ce soit en math, français, philo ou autres départements, les centres d'aide sont là pour répondre aux questions des étudiants et les aider dans leur compréhension. Des profs sont présents et se partagent les disponibilités.
- Dans plusieurs établissements collégiaux, si ce n'est pas tous, il existe un programme de **tutorat par les paires.** Des étudiants qui ont bien réussi le cours dans lequel on a besoin d'aide et qui sont engagés pour aider les autres étudiants.
- **Faire ses propres recherches**. Vive internet? Il y a toujours des solutions pour comprendre les notions plus obscures. Il y a même des groupes Facebook d'aide au cégépiens. Tout dépend de notre volonté de trouver une solution. Mais il y en a!

Il faut garder en tête qu'on est en apprentissage. C'est normal de ne pas tout comprendre tout de suite, d'avoir des embûches, des "moins bonnes" notes. Et si notre voisin à compris, il avait peut-être une base déjà, il avait peut-être fait des lectures, ou les mots et structures de phrases utilisées par le prof concordaient avec son codage mental.

Quand j'étais moi-même au CÉGEP, je prenais des notes, oui, mais je dessinais aussi beaucoup sur mes feuilles de notes. Dessiner des fleurs, montagnes et lignes aléatoires m'aidait à garder ma concentration sur le discours du prof dans les moment où je ne prenais pas de notes.

Certains écoutent le discours du prof et font un petit résumé pendant la ou les pauses au lieu d'attendre d'être à la maison et d'avoir oublié plus d'informations.

Il n'y a pas de mauvaise méthode. L'important, c'est de trouver la nôtre.

Après le cours

Si le prof préfère attendre la fin du cours pour les questions, ne pas hésiter à prendre un 5 ou 10 minutes avec lui/elle pour poser ses questions et avoir un échange par rapport à la matière enseignée. Un autre bon côté à alléger ses sessions est qu'on a souvent qu'un seul cours par jour. Donc tout notre temps avant ou après le cours pour parler au prof.

Parfois les lectures à faire entre deux cours sont pour préparer au cours suivant, et parfois elle sont pour consolider la matière qu'on vient de voir. D'un côté ou de l'autre, il serait une bonne idée de faire ses lectures. Mais juste lire et relire n'est pas magique. Si j'apprends le japonais et que je lis une phrase dont je ne connais pas trois des mots, même en relisant la phrase 10 fois, je risque fort de ne pas plus comprendre les mots que je n'ai pas appris. Je vais devoir utiliser un dictionnaire ou une recherche sur internet pour savoir ce que ça signifie. Faire ses lectures efficacement demande, en effet, plus d'implication et de temps que uniquement lire le texte.

On commence par faire un survol des titres, sous-titres et thèmes.
C'est rapide et on sait ce qui nous attend.

Ensuite vient la lecture active. Qu'est-ce que c'est, la lecture active?

C'est surligner les notions et mots importants.

C'est prendre des notes dans les marges, que ce soit des ajouts, des questions ou des explications dans nos mots.

Comprendre la matière.

Persévérer pour trouver de nouvelles pistes de solutions pour comprendre et demander de l'aide, le cas échéant. Chercher sur internet. Demander à quelqu'un qui s'y connait. Lire des articles sur le sujet. La curiosité et la débrouillardise sont deux qualités très utiles pendant nos années d'études, professionnelles et personnelles. Être curieux augmente notre intérêt à comprendre et à analyser des informations pour utiliser cette logique acquise par la suite. De prendre le temps de se dire "mm.. Je ne comprends pas ce mot, ça veut dire quoi?", "Je comprends le principe de X, mais est-ce que ça fonctionne aussi pour Y? Je vais aller lire là dessus". Comprendre, c'est la différence entre savoir que "Certaines personnes trouvent que la coriandre goûte le savon" et comprendre que "les aldéhydes (composé organique lié au carbone) présents dans les feuilles de coriandre ont un faible goût de savon, mais que seulement environs 10% de la population mondiale ont une variation génétique du récepteur olfactif, qui perçoit beaucoup plus fortement ce goût."
Comprendre le pourquoi du comment aide à se souvenir et intégrer la matière car nous pouvons faire des liens logiques. On ne

se souviendra peut-être pas de tout, mais on va se souvenir vaguement que c'est un composé dans les feuilles et que c'est génétique. Souvent, c'est suffisant pour retrouver l'information précise que l'on cherche.

Une autre bonne raison de prendre le temps de comprendre et approfondir : il n'est pas rare que les profs vont utiliser, dans leurs examens, des mots différents, synonymes ou structures de phrase différentes de ce qu'ils et elles avaient utilisé en classe et que nous avons pris en note. On regarde la question et on se dit "Mais on a pas vu ça! Je ne me souviens pas avoir vu ce mot là". Comprendre la matière nous permet de discerner plus facilement l'information que le/la prof demande. On ne veut pas du par-cœur où dès qu'un mot change on est confus.

Ce qu'on veut c'est de faire voyager l'information de notre mémoire à court terme à notre mémoire à long terme le plus possible. Cette mémoire à long terme qui fait qu'on sait les choses et le risque d'avoir un blanc est de beaucoup diminué dans une situation de stress. Il y a plusieurs façon de faire voyager l'information, mais aucune ne se fait toute seule. Comme dans presque tout concernant les études post-secondaires, ça demande un investissement en temps et une mobilisation de son auto-discipline.

1. Bien comprendre la matière.
   Retenir par cœur les informations enseignées dans nos cours "juste parce qu'il le faut" peut être très difficile. Lorsqu'on comprend la logique derrière les notions et le pourquoi du comment, ça rend la matière plus tangible et

ça augmente le spectre de ce dont on peut se souvenir à l'examen, advenant un blanc de mémoire. Nous sommes capables de faire des liens logiques pour retrouver la réponse qu'on a oublié. Même si on a oublié que 7x7 = 49, comme on sait qu'une multiplication est, dans le fond, une addition répétée plusieurs fois, on peut trouver la réponse (exemple assez de base, je suis d'accord mais c'est seulement pour donner une image).

En notant des questions à rechercher pendant qu'on prend des notes en classe et/ou fait nos lectures, on peut y revenir plus tard pour approfondir nos connaissances.

Bien évidemment, il y a des situations où c'est vraiment connaître du par-cœur, comme des dates d'histoire ou le tableau périodique. Mais même avec du par-cœur, il y a moyen d'assimiler les informations avec les trucs ci-dessous.

On suggère d'apprendre la matière comme si on devait l'enseigner à notre tour, car on ne peut qu'enseigner quelque chose qu'on comprend!

2. Relier la matière à de l'information qu'on connaît déjà.
   Un peu en lien avec "bien comprendre la matière", faire des liens avec ce qui est déjà bien installé dans notre mémoire à long terme nous permet de retrouver l'information plus facilement. Je connais très bien ma table de multiplication de 5, et je sais que 7x5 = 35. Donc si 7x7 est 7x2 (donc 14) de plus, je peux trouver la réponse sans la savoir par cœur.

3. Expérimenter la matière avec le plus de sens possible.

   Plus nos cinq sens (ouïe, toucher, vue (surtout), odorat et goût si possible) sont stimulés, plus on va se souvenir des notions.

   Par exemple, utiliser de la pâte à modeler pour former des atomes de couleurs différentes avec leurs nucleus et électrons pour apprendre la table périodique. Utiliser le toucher pour former ces atomes et la vue pour les voir interagir entre eux. Ou encore, lire ses notes à voix haute stimule la vue (lecture) et l'ouïe. Ré-écrire ses notes utilise le toucher et la vue.

1. Utiliser les notions le plus souvent possible

   Ça reste la meilleure façon d'assimiler la matière. Utiliser ce qu'on veut apprendre, l'expérimenter. Comme la tasse à café qu'on utilise à chaque matin, on sait où elle est, où aller la chercher, on l'utilise souvent, comparé à la mandoline de cuisine qu'on utilise une fois par année et qu'on ne se souvient jamais où on l'a rangé.

   Utiliser la matière peut être aussi simple que de la reformuler dans nos mots à un.e ami.e, un parent, notre amoureux.se ou quelconque objet inanimé. Le point est d'expliquer la matière de la journée dans nos mots. Pourquoi dans nos mots? Parce qu'on se comprend beaucoup plus de cette façon et que c'est le but à atteindre : comprendre. On peut aussi faire des jeux de rôles dans lesquels on doit utiliser la matière vu dans la semaine. Écrire nos notes d'histoire comme des petite nouvelles. Y'a moyen d'être imaginatif et créatif. Comme l'action de dessiner ou de conduire, il faut le pratiquer souvent pour développer ses habiletés et son efficacité.

Ça semble bébé dit comme ça, mais honnêtement, pour apprendre, il faut se trouver des trucs. Parfois simplement lire notre manuel sera suffisant pour faire assez de sens pour comprendre les concepts, et c'est génial!
Mais d'autres fois, il faut plus que ça pour que la matière fasse un sens. Tous les cours ne seront pas passionnants.

Comment étudier et travailler?
La plupart des documents que j'ai lu (et une des raisons pour laquelle j'ai voulu écrire ce livre) suggèrent de faire ses travaux et études dans un endroit calme et sans distractions, comme par exemple la bibliothèque. Je dis oui et non.
Nous sommes tous différents. Certains étudiants travaillent mieux à la maison dans leur chambres, et d'autre dans une bibliothèque ou dans un café (l'édifice, pas la boisson) ou à la cafétéria de l'école. Certains sont plus disposés à étudier pendant le jour et d'autres préfèrent le soir. Certains étudient super bien devant la télé, d'autres ont besoin de silence complet. On peut étudier plus efficacement en groupe ou seul. Certains préfèrent travailler pendant deux heures et d'autres doivent le faire par tranches de 30 minutes. Et parfois, l'endroit, le temps alloué à l'étude et la méthode d'étude et de travail change au fil du temps. On va travailler pendant quatre mois à la table de la cuisine après l'école et soudainement, ça bloque. Ça ne nous inspire plus.
Écoutons notre petite voix intérieure et trouvons un autre endroit, un autre temps, une autre méthode. De se forcer à étudier

et travailler dans un contexte qui ne nous interpelle pas risque de juste nous bloquer.

L'important c'est que nos études et nos travaux soient bien faits et fait à temps. Le contexte est personnel et nous appartient.

De plus, je pense que la pression qu'on met sur les étudiants en leur disant d'étudier dans le silence et sans distractions n'aidera pas sur le marché du travail. On apprendra jamais à être efficace malgré les distractions et à pouvoir retourner à nos moutons rapidement car, *flash news*, au travail, il y en a des distractions. L'important c'est vraiment de trouver la méthode pour nous.

Étudier son examen

Qu'est-ce qu'un examen, premièrement? C'est un test pour voir si on a compris la matière, pour voir si on a acquis suffisamment de connaissances pour être capable de continuer à suivre (i.e. si on "passe"). C'est une unité de mesure permettant à l'étudiant de voir ses lacunes et ses forces, de voir qu'est-ce qui est acquis et qu'est-ce qui doit être approfondi davantage. Une fois l'examen corrigé et entre nos mains, c'est à notre avantage de prendre le temps de l'étudier. De regarder où on a perdu nos points et pourquoi. D'aller voir le prof si on ne comprend pas pourquoi on a perdu des points. Ça nous aide non seulement à comprendre mieux ce qu'on a moins acquis, mais aussi à être plus familier avec le type de questions que le prof demande et ce qu'il attend comme réponse. Chaque prof fait ses propres examens à sa façon et, à moins de demander directement au prof "quels genres de questions il y aura dans l'examen" et à quels genres de réponse il/elle s'attend, on découvre tout cela avec le premier examen. Mais une fois qu'on sait à quoi s'attendre, ça peut faire toute la différence pour les examens/travaux futurs.

C'est souvent stressant, un examen, et souvent le stress joue sur notre mémoire. D'où l'importance de comprendre et non savoir par cœur.

Changer sa façon de voir les examens peut aider à diminuer le stress. Au lieu de les voir comme une évaluation où on doit performer, les voir plutôt comme une unité de mesure pour savoir comment se recadrer.

On ne peut pas faire plus que notre mieux à ce moment-là, de toute façon. Tout ce qu'on peut faire c'est s'asseoir à notre table et faire du mieux qu'on peut pour ensuite étudier notre examen corrigé dans le but de s'améliorer.

Je sais que la cote R reste toujours en arrière pensée et qu'il est difficile de rester zen face à un examen et travail à remettre. C'est pourquoi il est impératif de prendre son éducation en charge, d'assister à tous ces cours, de faire ses lectures, de comprendre la matière.

Les travaux ont d'ailleurs le même but : Déterminer où nous en sommes dans notre apprentissage/compréhension et si nous avons suffisamment acquis les compétences demandées.

Au CÉGEP, c'est connu : juste écouter en classe n'est habituellement pas suffisant pour passer ses cours.

Le CÉGEP, c'est environs 50% de l'apprentissage en classe et 50% de pratique/étude/travaux en dehors des cours.

D'où l'importance de l'auto-discipline. La motivation et l'organisation de son temps sont tous deux une question d'auto-discipline.

C'est faire le choix de se donner le petit coup de pied au derrière pour se lever et/ou ouvrir nos livres, même si on préférerait faire plein d'autres choses. Aucun truc ne fonctionne tout seul. Aucun. En fait, l'auto-discipline est souvent le trucs pour surmonter d'autres problématiques reliées aux études.

Qu'est-ce que c'est, l'auto-discipline?

Déjà, ce n'est pas d'avoir envie de faire les choses nécessairement. Ce n'est pas la motivation. On sait habituellement ce qu'on doit faire et quand on devrait le faire. L'auto-discipline, c'est de se dire "okay, go j'y vais" et d'y aller. Même si on a pas envie. Même si ça nous ennuie. Même si c'est une tâche qui demande tout notre petit change.

La discipline, c'est ce que nos parents faisaient avec nous, comme de nous dire de ramasser notre chambre ou de venir faire nos devoirs. Ça ne nous intéressait pas toujours. Mais on le faisait. Parce que nos parents nous le demandaient et on écoutait nos parents, la plupart du temps. Seulement, là, c'est nous qui devons nous le dire à nous-même, et nous devons nous écouter nous-même. Ouf.

Le côté plus difficile à cela est qu'il est tellement facile de ne pas s'écouter et de repousser nos tâches et responsabilité. On a clairement pas la même autorité sur nous que nos parents!

Mais surtout, y'a un côté merveilleux à cela est que tout le contrôle, tout le pouvoir, est entre nos mains. On a pas attendre après quoi que ce soit ou qui que ce soit. Tout est là, à portée de main, on a qu'à le saisir! La possibilité de tout changer réside en nous.

3

Organisation de travail et de temps

C'est bien beau d'être discipliné, mais sans organisation de notre temps et de nos travaux, on risque de se lancer dans tous les sens et de se perdre. Une des choses que j'entends souvent est le concept d'avoir pu faire "plus d'effort". Il y a des mots comme ça qui veulent tout dire et ne rien dire à la fois. Ces mots qui sont, au fond, un concept inventé, ont une définition officielle parfois très vague et sont teintés des couleurs de celui qui le dit.

C'est quoi "plus d'effort?" Beaucoup répondent que c'est "travailler plus et plus fort".
Comment on "travaille plus fort" dans le contexte de rédaction d'un travail écrit? On pèse plus fort sur les touches du clavier? Et par rapport à l'étude? On fixe plus intensément notre page de note?

"Non, travailler plus longtemps, plus souvent, moins procrastiner."

Déjà, on se rapproche de quelque chose de plus concret. Par contre, j'ai aussi déjà entendu "prendre moins de temps pour moi". Autant que les études sont importantes, autant il faut faire attention de ne pas tomber dans le piège d'en faire notre vie entière. "*Work smarter, not harder*" qu'ils disent. En effet, pour mieux réussir on n'a pas nécessairement à "travailler plus fort", mais plutôt, travailler plus intelligemment. Ça commence par se connaître comme apprenant et utiliser des outils d'organisation et de concentration adaptés à notre personnalité.

Agenda, Bullet Journal et compagnie

Écrivez vos travaux à faire et dates de remises et d'examens. Que ce soit sur un calendrier mural, un calendrier sur cellulaire, un agenda papier, un bullet journal ou des post-it collés sur votre mur de chambre, il est important de prendre en note ces travaux et les dates importantes. Une des choses les plus importantes au CÉGEP est de garder en tête ce qu'on doit faire comme travaux, quand les remettre et quand sont nos examens pour s'y préparer. Avec le plan de cours, pas de mauvaise surprise! C'est merveilleux. C'est la première chose à faire pour ne pas arriver à la dernière minute et devoir passer une nuit blanche à écrire une dissertation.

Souvent, on se rend compte que de noter tout le mois sur une seule page nous permet d'avoir une vue d'ensemble de comment tout tombe en même temps et qu'on devrait commencer tout de suite.

Il ne faut pas hésiter à mettre de la couleur ou utiliser des typographies différentes pour faire ressortir les mots et points importants.

Nous devons tenter aussi, le plus possible, d'être précis dans nos listes de tâches.

Il est bénéfique de prioriser "Faire le plan de travail et la table des matières" à "commencer le travail écrit".

Encore ici, nous devons choisir la méthode qui nous parle, celle qu'on va voir envie d'utiliser, celle qu'on va se souvenir d'utiliser.

Une routine peut également être bénéfique, si nous sommes à l'aise. Ça peut être difficile à instaurer au départ mais après un petit trois semaines, ça devrait être déjà plus facile. Se donner 1h de travail ici, 1h là et garder ces plages horaires réservées aux travaux et à l'étude (bonjour autodiscipline!) augmente les chances de moins procrastiner.

Dans le même ordre d'idée, tout type de routine est bénéfique de la même façon : routine du matin, routine de relaxation, routine de repas, etc. Tant que la routine est adapté à nous.

Ça aide à être constant et efficace, on sait tout de suite quoi faire puisque la routine est planifiée à l'avance.

"Oui mais j'oublie toujours de regarder mon agenda!"

Incorporer la consultation de l'agenda dans notre routine ou même se mettre une alarme quotidienne pour y penser nous aidera à prendre l'habitude.

Planifier

Tout est faisable avec une planification. Avoir un travail de recherche de 5 pages à faire et ne pas savoir par où commencer peut nous bloquer et/ou nous créer du stress. D'abord, il faut déterminer les étapes. Ensuite, on divise le travail de par ces étapes. Mais quoi faire si on se retrouve devant notre écran ou papier sans savoir quelle devrait être la première étape? À la limite, c'est pas bien grave que les étapes ne soit pas dans un ordre précis, il n'y a rien qui nous empêche d'entamer l'étape B même si on avait déjà commencer l'étape C. On reviendra à C ensuite.

Mais si on tient à avoir toutes les étapes de dessinées devant nous (et il est vrai que ça permet de ne pas trop s'égarer en chemin), la façon de faire que j'aime bien est d'y aller à reculons. Prenons, par exemple, un travail de recherche à faire.

Quelle est la dernière dernière étape? Donner le travail au professeur.

Qu'est-ce qui vient juste avant? L'imprimer.

Et juste avant? Faire la médiagraphie.

Et juste avant? Se relire et se corriger.

Et juste avant? Écrire la conclusion.

Jusqu'au tout début ou on doit faire la table des matières, notre recherche, trouver notre sujet de recherche, etc.

Une fois que c'est fait, tout notre chemin est tracé, on a qu'à le suivre.

Il en est de même pour les lectures, on lit une page à la fois, un paragraphe à la fois.

Un autre truc qui aide est de diviser les étapes en plus petites étapes. On a un paragraphe où on traite de trois sous-sujets. Chaque sous-sujet devient une étape. Si on a 2 idées à développer dans le premier sous-sujet, chacune des 2 idées deviennent des étapes à elles-seules.

Oui, ça va faire beaucoup d'étapes. Ça va sembler être un long chemin. Mais plus on coche ou biffe les étapes, plus on se rend compte que même s'il y en a beaucoup, elle ne sont pas si longues et on avance rapidement.

Eisenhower, 34e président des États-Unis, a développé un outil pour aider à la priorisation des tâches.

	URGENT	PAS URGENT
IMPORTANT	À faire en priorité Voire maintenant Faire soi-même	À planifier Traiter prochainement Faire soi-même
PAS IMPORTANT	Peuvent être déléguées Ou planifiée plus tard	À éliminer Faire à temps perdu

Aussi important que la planification, être capable de se **réajuster** avec le temps, les obstacles et les imprévus. Parfois les tâches peuvent prendre plus de temps que prévu, il faut donc revoir notre division de tâches pour les jours qui suivent. Il faut savoir s'adapter. J'en parle plus bas.

Concentration

Être organisé est une chose et certaines personnes sont passées Maître dans l'art de s'organiser. Mais quand vient le temps de passer à l'action, c'est différent. Planifier et s'organiser ne donne pas magiquement la concentration. Il faut faire le premier pas d'action vers la réalisation du travail/de l'étude. Il faut arrêter notre émission. Fermer notre jeux. Faire le pas vers notre espace de travail. Et c'est parfois difficile. Nous y reviendrons dans la section sur la motivation.

Honnêtement, la méthode qui fonctionne le plus avec le plus grand nombre de gens, d'après ce que j'ai pu observer, c'est la méthode *Pomodoro*. "Pomodoro" est la traduction italienne pour "tomate", en lien avec les minuteries de cuisines en forme de tomate.

Voici la méthode : On choisi un nombre de minutes (entre 10 et 30) avec lequel nous sommes à l'aise de focaliser sur la tâche. Disons 20 minutes. Pendant 20 minutes on travail/lit/étudie. Après 20 minutes, on prend une pause de 5 minutes. Il est important, pendant cette pause, de se lever de son poste de travail. On peut aller chercher quelque chose à boire, faire des étirements, regarder nos notifications sur notre cellulaire. Après 5 minutes de pause, on retourne travailler pour un autre 20 minutes jusqu'à la 4e pause, qui est de 15 minutes. Et on recommence. On calcule notre temps en bloc de 20 minutes (ou 10 ou 25, comme on le sent). Il est beaucoup plus facile de focaliser sur la tâche et se discipliner à ne pas regarder nos notifications lorsqu'on sait qu'il nous reste juste 5 minutes et ensuite c'est notre pause.

Et le meilleur, c'est qu'il y a une application sur téléphone cellulaire! Pas besoin de regarder l'heure, ça sonne selon nos paramètres.

Tous nos travaux ne sont pas passionnants mais tous sont importants pour notre réussite. Avec une bonne organisation adaptée à notre personnalité et de l'auto-discipline, on se rend compte que non seulement ça se faisait bien et en plus, il nous reste du temps pour nous. L'autodiscipline est la base.

Savoir s'adapter

Une bonne capacité d'adaptation est un atout important, autant durant les études que lors de notre évolution personnelle et professionnelle. S'adapter, c'est pouvoir tomber en "mode solution" suffisamment facilement et/ou rapidement pour ne pas se laisser bloquer ou nuire par la situation devant nous. Devant un obstacle, notre premier réflexe après le choc doit être "okay, qu'est-ce que je peux faire? Sur quoi j'ai du contrôle?".

J'aime le voir comme un arbre. L'obstacle est le tronc et les branches qui poussent dans toute les directions. Ces branches sont les différentes possibilités de solutions, et les branches qui poussent de ces branches sont les conséquences de ces solutions (que les conséquences soient positives ou négatives), et les branches qui poussent de ces conséquences sont les solutions aux conséquences et ainsi de suite. Certaines solutions ne seront pas envisageables et c'est normal. Le but c'est d'exercer son cerveaux à entrevoir toutes les possibilités et les différentes conséquences de chacune, pour ensuite trouver celle qui est le mieux pour nous.

Comme par exemple :

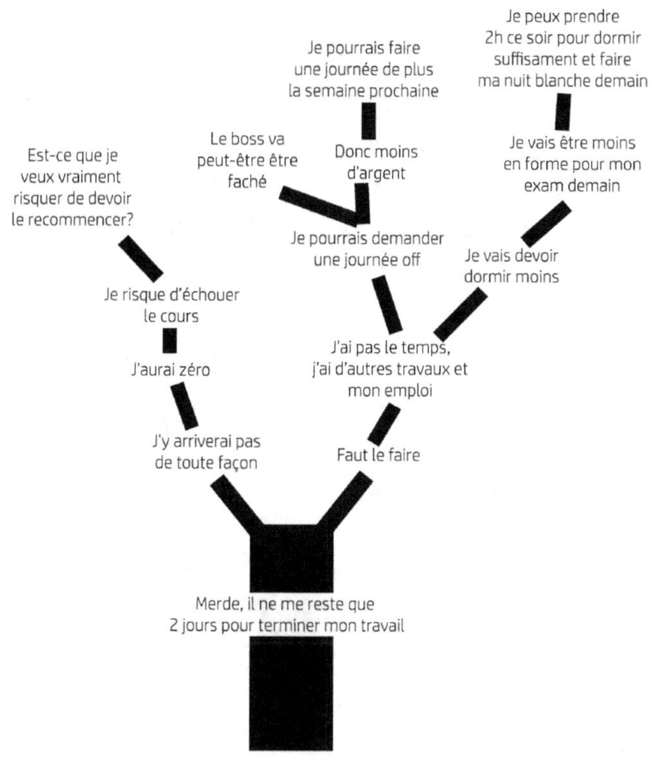

De plus, point bonus, développer cette capacité à entrevoir tout ce qui pourrait être fait permet de diminuer de beaucoup le stress en général puisque nous avons rapidement un plan B, C et même quelques fois D sur lesquels retomber.

Pour toutes difficultés et tous obstacles, il y a des solutions. Elle ne sont pas toutes parfaites ni adaptées à tout le monde, mais il est de notre pouvoir de garder un esprit ouvert. C'est certain qu'on préférerait tous la solution qui n'a pas de côtés négatifs, celle qui ne demande pas de sacrifices, celle où tout va bien. Mais c'est justement parce que celle-ci n'est pas disponible qu'il faut passer à la suivante qui est moins parfaite. L'important, c'est de trouver la piste de solution avec laquelle nous sommes la plus à l'aise. Avec laquelle on peut être en paix avec les répercussions. S'adapter, c'est faire un détour pour arriver au même point final, au fond. C'est ce qu'il faut retenir. Il y a plusieurs chemins pour arriver à la même destination. Si le chemin A n'est plus une option, on prend un autre chemin, peut-être plus long ou qui passe dans le bois, mais on va y arriver quand même, tant que notre volonté de trouver des solutions et d'avancer est encore là.

La vie ne se termine pas à 20 ans

Non seulement le sort de notre vie n'est pas déterminé de par nos premières études collégiales, notre vie n'est **pas** nos études ni notre carrière. Oui nos études et notre carrière prennent une grande place dans notre vie, mais ce ne devrait pas être toute notre vie. Notre vie, c'est nous, c'est les connections que l'on fait, c'est nos créations, nos projets, nos amis, notre communauté, notre pays, le monde. Notre vie c'est l'évolution de toutes les sphères de notre vie. Oui, il y a la carrière mais aussi le bien-être, les relations sociales, le développement personnel, l'environnement physique, la spiritualité, les finances, la santé physique et mentale, le plaisir et la créativité. Toutes ces sphères sont notre vie. Et il n'y a pas d'âge limite pour avoir le succès ou la vie qu'on recherche, pour changer notre vie pour le mieux.

Et si ça arrive plus tard, **on n'a pas perdu notre temps**. Ça arrive quand on est rendu là dans notre développement psychologique.

Un homme a été renvoyé du journal où il publiait ses dessins pour cause de "manque d'imagination et de bonnes idées". Il a essayé de mettre sur pied une compagnie de dessins animés plusieurs fois, mais sans succès. Il a néanmoins continué parce que c'est ce qu'il voulait faire de sa vie. Il s'est adapté et a trouvé d'autres façons d'approcher la situation et fini par réussir avec un film d'animation appelé : Blanche-Neige. Imaginez si Walt Disney lui-même avait laisser tomber son rêve.

Steven Spielberg, réalisateur et producteur de dizaines de films à grands succès, a été renvoyé de l'université d'art cinématographique lors de ces études. Il avait toute les raisons d'abandonner, de se dire qu'il avait raté sa vie, sa chance. Il a trouvé un autre chemin pour se rendre à son but.

Le Colonel Harland David Sanders a quitté l'école à 16 ans et à 17 ans, il s'était déjà fait renvoyé de 4 emplois. Il est allé dans l'armée et a travaillé dans plusieurs emplois avant d'atterrir dans un petit café où il était cuisinier. À 65 ans, il prit sa retraite et se considérait comme un perdant. Il avait 88 ans lorsqu'il fonda Poulet Frit Kentucky.

J.K. Rowling vivait de l'aide sociale comme mère monoparentale. Elle souffrait de dépression et avait des pensées suicidaires. Pour meubler ses journées, elle commença à écrire le premier livre de Harry Potter.

La vie continue après 20 ans. Il y a encore tellement de choses qui peuvent être accomplies. Et les gens changent, évoluent et découvrent. Il ne faut pas baisser les bras lorsqu'on se retrouve devant un obstacle. Plutôt, prenons un pas de recul pour réfléchir à un autre chemin.

4

Motivation et procrastination

On fait nos choix pour nous, on organise notre temps et nos tâches, on planifie. Mais ce petit coup de pied pour se lever et travailler, il ne vient pas. Tout devient plus intéressant que nos livres d'école. Pourtant, on adore notre programme! C'est frustrant, cette motivation qui reste dans son coin alors qu'on en a besoin. La procrastination est un fléau lorsqu'on est aux études!

Mais c'est quoi donc, la motivation? Selon le dictionnaire Larousse, la motivation est les "raisons, intérêts, éléments qui poussent quelqu'un dans son action" (www.larousse.fr). Donc votre motivation pour avoir choisi ce programme en particulier est d'avoir tel diplôme ou telle prochaine étape. Mais on utilise souvent ce mot pour désigner le dynamisme, l'énergie ou le fait d'être actif. Quand on dit "motivation", on parle souvent de ce *boost* qui nous fait nous lever et prendre nos cahiers et manuels. L'enthousiasme d'avoir envie de travailler, d'être curieux. Mais ce n'est pas ce qu'est la motivation. Cependant, pour le bien de cette partie, nous allons parler de motivation comme étant l'énergie, l'enthousiasme et le dynamisme de passer à l'action (i.e. l'énergie motivationnelle).

Dans le même ordre d'idée, on utilise le terme procrastination comme étant le synonyme de "perte de temps" et donc, on le voit obligatoirement négatif. La procrastination n'est pas nécessairement l'ennemi de la productivité. Procrastiner signifie simplement de délayé quelque chose, de le remettre à plus tard. Il y a deux types de procrastination : active et passive.

La procrastination active est celle qui nous permet de remettre à plus tard les tâches moins importantes ou moins urgentes pour se concentrer sur ce qui est plus important et urgent. De prioriser ce qui est important et/ou urgent. C'est donc l'amie de la productivité.

La procrastination passive est celle qui nous nuit et qu'on veut combattre ; c'est celle qui nous fait prioriser les tâches plus "faciles et agréables" au détriment de celles qui sont urgentes et importantes. Celle qui nuit à notre productivité.

On va en parler. Comment retrouver cette énergie de faire les choses, comment combattre la procrastination passive? Comprendre ce qui se passe et comment ça fonctionne aide à la combattre, mais rien n'est magique. À la fin de la journée, c'est à nous de faire les actions nécessaires pour opérer un changement dans nos habitudes, dans notre quotidien. Avoir les meilleurs trucs du monde n'a aucune valeur si on ne les utilise pas.

C'est ce qui est merveilleux et désagréable à la fois est que c'est nous qui avons 100% le contrôle sur la chose, 100% le pouvoir de changer. Mais ça veut dire que c'est aussi uniquement nous qui y pouvons quelque chose. Que si ON le ne le fait pas, rien ne se produira.

Procrastination passive

Il y a plusieurs raisons de remettre les tâches importantes à plus tard et/ou ne pas les faire, carrément. Pour aider à combattre cette habitude, il faut identifier la ou les causes en jeux. D'abord, je tiens à mentionner que je ne crois pas en la paresse. Je ne crois sincèrement pas que le manque d'énergie, enthousiasme, motivation, ou préférer écouter Netflix que de se lever pour travailler soit de la paresse. Je trouve ce mot lourd de blâme et entraîne de la culpabilité de ne "pas être assez". Et le blâme et la culpabilité, ce sont les dernières choses dont on a besoin pour combattre la procrastination. Si on a pas d'énergie, d'enthousiasme, motivation ou qu'on préfère faire n'importe quoi d'autre, il y a une raison valide qui n'est parfois même pas reliée aux études directement. Cette cause, il faut la trouver et la comprendre pour la vaincre.

Le manque de connaissance en gestion de temps

Ce n'est pas un problème de repousser les tâches importantes lorsqu'on a une bonne connaissance de notre temps et qu'on sait très bien que même si on sort avec nos amis ce soir-là au lieu de travailler, avec le temps qu'il nous reste avant la remise et ce qu'il nous reste à faire, en quelques heures on a terminé. On peut bien prendre un peu de temps pour le social. Quand on est suffisamment organisé pour que notre procrastination soit faite de façon calculée et sans nous nuire, il n'y a pas de problème.
Par contre, une mauvaise connaissance ou gestion de notre temps peut nous laisser croire, à tort, qu'on a encore beaucoup de temps devant nous et donc, on repousse nos tâches. On repousse en-

core. Il nous reste une semaine pour faire 3 pages. C'est suffisant, on peut repousser encore. Jusqu'à ce que non seulement on ne puisse plus repousser plus loin parce que le travail est à rendre le lendemain et de plus, ou a oublié notre autre cours avec un autre travail à remettre pour la journée suivante. Ou bien on tombe malade et on n'a clairement pas la tête à réfléchir, le travail est à remettre dans 3 jours et on en passe deux avec de la fièvre à dormir.

Je souligne encore une fois l'importance de planifier et de diviser en étapes les choses à faire. C'est important de continuer à avoir du temps pour nous, du temps avec des amis, d'où l'importance de commencer les travaux le plus rapidement possible, pour pouvoir se permettre de repousser sans se nuire, advenant une situation X.

Solutions?
Augmenter nos compétences en gestion de tâches et de temps est un must, pour l'école, le travail et la vie personnelle. Ainsi, on sait quand et à quel point on peut jouer dans notre horaire sans se nuire. Tant qu'on respecte cet horaire.

Manque d'intérêt face au programme d'étude
C'est normal de repousser ce qui nous intéresse moins. Comme la vaisselle qui s'empile jusqu'à ce qu'on doivent manger à même le chaudron par manque d'assiette. Mais encore faut-il en être conscient que c'est par manque d'intérêt ou même, manque de sens. Il faut se demander pourquoi ça ne nous intéresse pas? Pourquoi ce travail ou ce cours ne fait pas un sens pour nous? Il y a des choses ennuyantes qu'on peut déléguer ou décider de

ne pas faire. Mais quand on parle de réussite scolaire, c'est un peu plus problématique de décidé de ne pas faire un travail ou ne pas se présenter à un cours parce que c'est "plate". Pour la plupart des travaux scolaires, on les fait parce que c'est demandé, et non parce qu'on trouve cela réellement palpitant. Même dans les cours qu'on adore. Nous sommes en apprentissage, c'est normal de devoir montrer à nos profs où nous en sommes. Il est également possible que nous ne soyons pas dans le bon programme ou même, dans la bonne école. En parler avec un.e conseiller.e en orientation peut nous aider à y voir plus clair.

Solution?

Réfléchir à la question à savoir si nous sommes dans le bon programme pour nous. Si nos cours font du sens ou non et pourquoi. Si on trouve qu'un cours ne fait pas de sens, essayer de voir et comprendre pourquoi ce cours a été mis dans ce cheminement scolaire. Même en parler avec un.e conseiller.e en orientation, car un cours qui ne fait pas de sens pour l'étudiant.e peut, au contraire, avoir une énorme raison d'être pour le/la travailleur.se. Avant d'avoir les deux pieds dans l'emploi, on ne peut pas savoir à 100% les connaissances et compétences qui seront requises et utiles. Même chose pour les cours généraux, qui sont les plus incompris. Pour combattre cette cause de la procrastination passive, on doit trouver un sens à nos cours, à nos apprentissages. Que ce soit en changeant de programme ou en changeant notre vision de nos cours actuels. Et cette raison peut être simplement "connaissances personnelles" ou "parce que je dois le passer pour avoir mon diplôme", tant que ça fasse un sens logique pour nous. "Faire du sens" n'est pas de savoir rationnellement (avec la tête) que c'est important. C'est le sentir avec le cœur. C'est en être convaincu *inside*.

L'anxiété d'évaluation

Celle-ci est une cause sournoise et plus difficile à reconnaître. Mark Manson disait dans son livre *The Subtle Art of Not Giving a Fuck*, qu'inconsciemment, certaines personnes ont tellement peur de l'échec qu'elles préfèrent ne pas prendre d'actions, plutôt que d'agir et donc, de prendre le **risque** d'être confronté à cet l'échec.

En d'autres mots et dans le contexte scolaire, certains étudiants redoutent tellement un échec ou une mauvaise note, qu'ils préfèrent ne pas faire le travail et donc, ne jamais avoir de vrais résultats, plutôt que de le faire et d'être confronté à la peut-être réalité d'une mauvaise note. On procrastine, on repousse, jusqu'à la dernière minute où on se dit "bah voilà, j'aurais jamais le temps de le finir de toute façon". Donc on ne fait pas notre travail, et on reçoit zéro. On aurait eu une meilleure note à faire le travail, même à moitié, mais de cette façon nous ne sommes pas confrontés à notre propre valeur comme étudiant. On a zéro parce qu'on n'a pas remis le travail, et non parce qu'on "est pas bon". Il y a un mot pour ce genre de comportement : auto-sabotage.

La pression de performance a son rôle à jouer dans cette cause. Ça fait mal à l'égo de ne pas performer autant qu'on aimerait, qu'on voudrait. On ne veut pas que nos compétences ou notre manque de connaissances soient tenus responsables de notre mauvaise note.

Mais toutes ces "mauvaises notes" sont hypothétiques. On ne sait pas, au fond. La peur d'avoir une mauvaise note nous bloque complètement de faire de notre mieux et prendre une chance. On n'ose même pas tester nos capacités, de peur qu'elles ne soient pas à la hauteur de nos espérances et/ou attentes.

On doit se rappeler que nous sommes en apprentissage. Je sais je le répète souvent mais c'est tellement important. C'est normal de ne pas absorber toutes la matière du premier coup. C'est normal de ne pas avoir les compétences d'un professeur. Si on ne teste pas nos capacités, on ne saura jamais quels sont nos forces et où prendre plus de temps pour assimiler la matière.

Solution?

Changer notre vision des résultats scolaires. Ne plus les voir comme un indice de notre valeur ou de notre intelligence, mais plus comme un outil de ré-ajustement. Au CÉGEP, nous ne sommes pas seulement en apprentissage de matière mais aussi de gestion de temps et de travail. Comment savoir si nous sommes sur la bonne voie si on ne nous donne pas l'occasion de le vérifier? Oui, échouer avec 55% ou passer à 63% peut faire mal à l'égo. Ça reste pas agréable de voir qu'on a compris moins qu'on croyait. Mais les points récoltés seront toujours un pas de plus vers le diplôme que 0%.

Le perfectionnisme

Cette cause n'est pas totalement à propos de remettre à plus tard, mais plutôt de vouloir que notre travail soit parfait : avoir le meilleur sujet, faire les meilleures phrase, réécrire encore et encore car on a le sentiment que si ce n'est pas parfait, mieux vaut ne pas le faire du tout. Souvent, même la plupart du temps, notre vision du "parfait" est même au delà de nos propres capacités.

Solution?

Finished, not perfect (pas parfait, mais terminé). Il est préférable de se concentrer sur terminer le travail du mieux qu'on peut, même s'il n'est pas parfait à nos yeux. Au moins le travail est terminé. S'il nous reste du temps, on peut le parfaire ou l'améliorer à ce moment là. Si le temps nous manque, au minimum notre travail est terminé et on va avoir une meilleure note que zéro. Notre note et les commentaires du prof nous aideront à prendre une meilleure direction quant au prochain travail.

Tout ce qu'on peut faire c'est de notre mieux, et notre mieux n'est habituellement pas la perfection, parce que nous ne sommes ni experts ni professionnels dans le domaine. Et même en étant professionnels et experts, on continue d'apprendre. Garder la barre haute quant au niveau de perfection de nos travaux risque de nous bloquer et de nous nuire beaucoup plus que "le travail parfait" nous aiderait.

Incertitudes et difficulté à prendre des décisions

Parfois, on arrive devant les directives pour un travail ou devant des notes de cours et on ne comprend pas la phrase ou la question. Lorsqu'on a pas le réflexe de passer en mode solution, il se peut que cette situation nous bloque à avancer plus loin. Soit qu'on ne pense pas à demander de l'aide d'un collègue de classe ou carrément du prof, soit qu'on rebute de demander de l'aide. On se dit qu'on ne comprend pas, alors comment pouvons nous faire notre travail? À choisir entre faire un travail qui n'est pas ce qui est demandé et ne pas le faire du tout, le deuxième choix demande moins d'effort (et nous sommes moins confrontés à notre égo, disons-le) pour une note similaire au premier.

Solution?
Adopter le réflexe de passer en mode solution. Écrire à notre professeur, écrire à un.e collègue de classe, faire une recherche sur internet. Il y a même des pages Facebook "spotted" des différents CÉGEP où on peut demander. Quand on est bloqué, la première chose à se demander c'est "qu'est-ce que je peux faire?".

La crainte de l'inconnu

Le CÉGEP est un autre type d'enseignement et de travaux et probablement qu'on fera face à des travaux ou de la matière qu'on a jamais fait ou vu avant. Ça peut être facile de se dire "oh *my god* j'y arriverai pas". Il se peut qu'on soit hésitant à commencer ou qu'on ne sache pas par où commencer et qu'on évite. La crainte engendre le stress et le stress est un des obstacles les plus communs chez les étudiants ; il embrouille notre tête, notre mémoire et nos réflexions.

Solution?
Demander de l'aide. D'un.e prof, d'un.e collègue de classe, d'un.e ami.e, d'un parent. Ne pas rester seul.e avec ce stress.

J'aurais du...

La procrastination passive est l'ennemi de la productivité mais il existe un autre ennemi encore plus puissant : La culpabilité. Procrastiner pour se blâmer ensuite de l'avoir fait, étrangement (*not*) nous amène dans un cercle vicieux de non-productivité. On se sent tellement mal d'avoir reporté nos tâches à plus tard que ça affaiblit notre enthousiasme et ça nous fait procrastiner encore plus et ainsi de suite. On devient coincé. Et la culpabilité vient avec le sentiment d'échec qui est aussi un ennemi à la productivité et beaucoup plus que la procrastination elle-même. Ça engendre également une basse estime de soi, de trop hautes attentes de soi-même et la comparaison avec les autres. Se sentir mal nous pousse à vouloir corriger ce sentiment avec ce qui nous fait du bien, comme écouter la télé ou jouer à des jeux vidéos, nous faisant encore plus procrastiner.

La première étape pour reprendre le dessus est de laisser les "j'aurais dû", "j'aurais pu" et autres expressions de culpabilité, **dehors**. Quand on m'exprime un sentiment de culpabilité, de "j'aurais dû/pu faire X", (que ce soit par rapport à l'école, les relations, les choix de vie..) je demande toujours "étais-tu vraiment en capacité physique et/ou psychologique et/ou en connaissance de le faire?" Ce à quoi tous, je répète, tous, me répondent "... non".

Donc on se sent coupable, on se blâme, pour quelque chose qu'on ne pouvait pas faire autrement à ce moment-là de toute façon.

Je crois sincèrement qu'on fait toujours notre 100%. On fait toujours ce qu'on peut avec l'état où nous sommes à ce moment-là.

Notre examen qu'on a eu une mauvaise note parce qu'on a oublié des notions importantes à cause du stress, est-ce qu'on aurait pu faire mieux? Oui, à tête reposée, on se souvient des notions. Mais à ce moment-là, le stress a mis un brouillard dans notre tête. On ne pouvait pas faire mieux.

Quand on ne pense pas à une solution, quand l'anxiété ou la peur d'être abandonné nous bloque, quand il nous manquait des informations pour faire une décision éclairée, qu'est-ce qu'on aurait pu faire de plus?

La seule chose qu'on peut faire c'est d'apprendre de ce qui s'est passé et trouver des solutions pour avoir un comportement, donc un résultat, différent la prochaine fois.

Se culpabiliser et se blâmer, honnêtement, ne résultent en rien de positif. Ça ne va pas nous encourager à faire mieux la prochaine fois, du moins, pas de façon positive. Ça nous remet en face notre propre incapacité, on croit qu'on ne peut pas faire mieux et on risque, en effet, de ne pas s'améliorer.

Que faire alors?

Tout d'abord, déterminer la cause probable de notre procrastination. Ensuite, et c'est le plus difficile, c'est de l'accepter. Accepter que à ce moment-là, à cause de X, nous n'étions pas dans un état pour faire un meilleur choix. Accepter qu'on fait toujours ce qu'on peut avec ce qu'on a à ce moment-là. Faire preuve d'auto-compassion. Travailler sur la cause, trouver des solutions. Réaliser que la seule chose sur laquelle nous avons du pouvoir, c'est nos comportements futurs et donc, se blâmer pour notre passé est un obstacle à l'amélioration. Se blâmer fait que le temps de pause à faire autre chose n'en est pas vraiment un puisqu'il se vit négativement.

"Ah… je ne devrais pas commencer un 3e épisode. Il est déjà tard."
Commence l'épisode
"Je suis vraiment un.e incapable.."
Pendant toute l'épisode, on profite à moitié de ce temps pour nous, parce qu'on se blâme, loin dans notre tête. Non seulement on a pas avancé nos tâches, mais on a pas eu de vrai temps de repos. On va avoir besoin de plus de repos pour palier à celui qui n'en était pas vraiment un, ce qui va engendrer encore plus de culpabilité de procrastination, et ainsi de suite. Donnons-nous le droit de ne rien faire parfois. Nous ne sommes pas des robots.

Réaliser aussi que notre "mieux" d'aujourd'hui n'est pas le même que celui d'hier ou celui de demain. Que dépendamment de notre sommeil, de notre stress, de notre humeur, des situations qui arrivent dans notre vie, de nos connaissances, etc., notre "mieux" fluctue énormément de jour en jour, d'heure en heure. Parfois, notre mieux c'est de faire trois heures d'étude et terminer 2 travaux dans la même journée et faire 30 minutes de gym. D'autre fois, notre mieux c'est d'écouter Netflix toute la soirée. Tout ce qu'on peut faire c'est savoir que demain est un autre jour et de prendre cette opportunité pour se relever et foncer. Ça ne donne rien de positif de se dire qu'on aurait pu faire mieux hier. On doit simplement être conscient des faits, les comprendre et mettre en place des solutions. Dans le même ordre d'idée, il faut éviter de se taper sur la tête si on n'a pas suivi notre plan de départ. À la place, prenons le temps de réfléchir au pourquoi, et qu'est-ce qu'on peut faire ensuite, qu'est-ce qu'on a appris de cela, et adapter notre plan en conséquence.

Les types de perception de la motivation

Cette énergie créatrice qui nous donne envie de faire nos travaux et nos études, on en a donc besoin. C'est vrai, mais cette énergie n'est pas toujours énergique, justement. Parfois elle est calme et douce. Est-ce qu'on comprend vraiment comment ça fonctionne, cette énergie motivationnelle? Comment avoir plus de motivation? Comme beaucoup de changements d'habitudes, ce n'est pas magique ni nécessairement facile et ce n'est habituellement pas une seule chose à faire pour la retrouver.

La motivation est influencée par trois types de perception. Perception de la valeur : Il est difficile de rester motivé lorsqu'on ne perçoit pas la valeur ou la pertinence de ce que nous devons faire. Quels sont nos buts pour être au CÉGEP? Est-ce que c'est pour suivre la masse? Suivre ses amis? Ou en est-il plus un but d'apprentissage et d'acquisition de connaissances? Satisfaire sa curiosité ou apprendre un métier? Trouver un sens à ce qu'on fait qui est en concordance avec nos valeurs et notre vision de notre futur.

Perception de la compétence : C'est l'évaluation qu'on se fait de nous-même et de notre capacité à réussir en tant qu'apprenant.e. Attribuer une moins bonne note à un manque d'intelligence baisse notre perception de soi en tant qu'étudiant.e et a un impact négatif sur notre motivation.
Pour ceux qui étaient habitués de performer au secondaire, avoir de la difficulté une fois au CÉGEP peut être vécu comme un choc, voire même un déséquilibre dans l'idée qu'ils avaient d'eux-

même. Comme, et c'est malheureux, beaucoup de notre valorisation vient des études, ça devient même parfois une partie de notre identité. Un changement dans notre perception de la compétence peut avoir des conséquences importantes sur notre motivation.

Perception du contrôle : Plus on se sent en contrôle, plus on avance la tête haute. Et souvent, notre manque de gestion de nos tâches, de notre temps et de notre auto-discipline peut nous donner l'impression que tout est hors de notre contrôle. Qu'on veut réussir, mais que tellement de choses entrent en lignes de compte qu'on ne peut pas contrôler, qu'on se dit, consciemment ou non, "tant pis, je laisse tomber".

Maintenant, comment ça marche?

La motivation (ou le manque de) est causée par plusieurs choses inter-reliées et qui se nourrissent l'une l'autre. Ce n'est pas juste une chose qui, une fois acquise, nous donne la motivation tant convoitée et voilà c'est réglé.

C'est un changement de vision des choses et un changement d'habitudes qu'on doit cultiver.

Éventuellement, ça viendra plus facilement tout seul, mais en attendant, c'est un effort quasi constant de reprogrammer son cerveau.

Une chose à se souvenir est que la motivation n'est pas uniquement une question de buts clairs. Avoir un but, savoir où on s'en va, oui ça aide à tenir bon. Mais s'en tenir uniquement à cela n'est pas suffisant mais c'est pourtant la croyance populaire, quand on parle de motivation. "Trouve toi un but clair". Comme si c'était la solution magique. Comme si avec un but, tout devient facile. J'ai vu plein d'étudiants avec des buts atteignables et stimulants et qui avaient, malgré cela, des problèmes de manque de motivation. Et c'est ce qui rend les choses encore plus frustrantes.

On nous dit qu'on doit avoir un but, et on l'a, mais ce n'est pas suffisant, alors qu'est-ce qu'on fait de mal?

C'est quoi notre problème? C'est sensé aller maintenant, non?

Voilà, pas nécessairement. Car la motivation n'est pas uniquement d'avoir un but, c'est un mélange entre une façon de voir les choses et des habitudes concrètes de vie.

Oui, la perception de la valeur est importante, même obligatoire. Les gens ne se lèvent pas le matin tout énergiques et enthousiastes à faire une tâche qui ne fait aucun sens. Peut-être le font-il quand même, mais pas avec énergie et enthousiasme.

Pour faire des choix qui font du sens pour nous, il est important de bien se connaître, connaître nos valeurs, nos rêves. Mais ça ne fait quand même pas de miracles.

Un autre aspect qui augmente la motivation est le sentiment de compétence. D'être content de nos accomplissements, de nos petites étapes, de nos améliorations.

De ne pas se trouver assez bon, pas adéquat, diminue l'intensité de cette énergie motivationnelle.

Souvent, c'est alimenté par des buts trop vagues ou trop hauts trop vite. Décortiquer nos buts en plus petites étapes nous aide à avancer plus vite dans la bonne direction, et on voit plus facilement le chemin parcouru.

Un autre point super important pour retrouver et/ou garder une motivation et qui va dans le même sens, c'est avoir du support de notre entourage. Des gens qui nous encouragent, qui sont intéressés même au plus petits de nos accomplissements. S'entourer de gens stimulants avec qui on peut avoir de l'aide ou des *brainstorms*. Être entouré de gens enthousiastes et motivés peut certainement avoir un impact positif sur notre énergie.

Car sachons-le, même avec tous les outils et la bonne volonté, sans support ou intérêt des gens importants pour nous il peut être difficile de garder la tête haute et avancé. Pas impossible, mais plus difficile.

Bien évidemment, il en est de même pour les étudiants qui vivent des difficultés familiales, amicales ou amoureuse. Vivre dans un environnement dysfonctionnel, même avec les meilleurs outils et la meilleure volonté, ça ajoute un niveau de difficulté.

On a du contrôle.

Un objet immobile tend à rester immobile jusqu'à ce qu'une force le fasse bouger. Un objet en mouvement aura besoin de moins de force pour le garder en mouvement. Il en est de même pour nous et notre énergie productive. En restant au repos, en remettant à plus tard, en n'accomplissant pas nos tâches, nous tendons à rester au repos. Nous devons puiser dans nous, dans notre auto-discipline, la force de nous mettre en mouvement. Mais une fois qu'on est en mouvement, en action, ça demande moins de force pour nous garder en mouvement.

Le mythe le plus important et nuisible qui existe concernant la motivation est que c'est celle-ci qui doit arriver en premier pour déclencher ensuite l'action.

Que la raison pour laquelle on a autant de difficultés à faire ce qui doit être fait en temps, est que la motivation manque. On attend donc la motivation pour se mettre à l'action.

Mais c'est l'inverse qui est vrai, en fait.

De l'action (et de plein d'autres éléments) vient la motivation.

Il faut faire le premier pas d'action pour commencer à repartir la machine motivationnelle.

De l'action vient l'action. La motivation n'est pas quelque chose qu'on doit attendre patiemment et qui arrive spontanément. C'est quelque chose qui se bâti, qui s'entretient.

Chaque jour est une opportunité.

La motivation est aussi alimentée par une façon de penser plus positive. De voir chaque nouvelle journée qui commence comme une opportunité de faire différent, de changer notre vie, d'agir plus en concordance avec ce que nous voulons.

Les 30 premières minutes de notre journée sont importantes, car elle donne le ton au reste de la journée.

Être actif dès le réveil aide à garder une attitude active et proactive au courant de la journée.

On suggère de se lever et de faire son lit, non pas nécessairement pour le côté "ménage" mais parce que c'est une action simple à faire et qui a un impact positif sur notre cerveau et notre énergie d'action. Mais, encore une fois, ça ne se fait pas seul. On doit donner la première poussée, et là deuxième, et la troisième. Et tranquillement, ça deviendra plus facile de rester en mouvement.

Être actif, s'entourer de personnes stimulantes et faire des choix en concordance avec nos valeurs et nos buts est la recette de la motivation.

Soyons SMART

Nos buts que l'on choisis pour nous, doivent aussi être ce qu'on appelle SMART.

Specific.

Nos buts doivent être spécifiques, précis. "Être heureux" c'est beaucoup trop vague. "Gérer mon stress" et "avoir de meilleures notes" aussi. Pour verbaliser nos buts de façon spécifique, utilisez un verbe d'action. "Je veux voir la vie de façon plus positive". "Je veux continuer mes activités malgré mon stress. "Je veux atteindre 80% de moyenne dans mon cours".

Plus le bus est vague et abstrait, moins on a de chance de l'atteindre. C'est un peu comme si nous sommes à l'entrée d'une forêt et qu'on nous demande de marcher au travers pour se rendre à la sortie de l'autre côté dans une heure, mais qu'il n'y a pas de chemin. On va enjamber les troncs et arbustes, on va contourner des arbres, c'est possible qu'on s'égare, qu'on marche un peu plus vers l'ouest, et possiblement qu'on sera jamais sorti du bois dans une heure.

Avec un but spécifique, c'est la même requête, mais il y a un chemin de terre à suivre. Oui parfois il y a des trous d'eau ou des arbres tombés, des obstacles, mais reste qu'on suit le chemin et on en sort après une heure ou une heure et demi.

Measurable.

Nos buts doivent aussi être mesurables. Qu'est-ce qui détermine qu'on l'a atteint? Même si on désire apprendre à gérer son stress, qu'est-ce qui nous indique qu'on a, effectivement, gérer notre stress? Qu'on est plus heureux? Qu'on a de meilleures notes? L'indicateur de mesure est lié à la spécificité du but. "Je veux voir la vie de façon plus positive". L'indicateur de mesure pourrait être "Trouver une solution pour continuer malgré une situation fâcheuse".

Sans indicateur de mesure, on peut avoir l'impression de ne jamais être satisfait, de ne jamais atteindre notre but. Et ça a un impact négatif sur notre motivation et notre bonheur général.

"Je veux me sentir mieux dans ma peau". Non spécifique. Trop vague.

"Je veux perdre du poids", c'est déjà plus précis mais par contre, non mesurable.

"Je veux perdre 15 lbs". Encore un peu plus spécifique et mesurable mais ça nous dit aussi que peu importe le poids qu'on a, on veut perdre 15 lbs. Donc si on prend 5 lbs de plus, on veut encore en perdre que 15.

"Je veux peser 130 lbs". Ah! Spécifique, mesurable, pas de malentendu inconscient.

Atteinable.

Ici le but n'est pas de faire des objectifs "réalistes" du genre "garde les pieds sur terre", mais plutôt "plus facilement atteignables" au moment où on clarifie notre but. Si on a 70% de moyenne mais qu'on vise le 90%, c'est un grand gap à combler et souvent ce gap va même nous décourager. Le 90% n'est peut-être pas atteignable tout de suite. 75% serait plus atteignable. Encore ici, on voit l'importance de diviser les buts en plus petites étapes. Lorsqu'on a atteint le 75%, on vise le 80%, et ainsi de suite jusqu'au 90%. Se donner un défi dans la mesure de nos capacités actuelles.

Relevant.
On le dit et le répète, nos buts, choix, actions, doivent faire un sens pour nous. Que ce soit de décider de finalement faire la vaisselle parce qu'on trouve que ça a assez duré, ou de choisir le programme d'étude qui nous passionne, si on ne peut expliquer pourquoi on fait une action, un choix, il serait important de se questionner à savoir si on le fait vraiment pour nous, pour notre avancement personnel et/ou professionnel, ou pour les autres et qu'est-ce qu'ils pourraient penser.
La question n'est pas de ne rien faire qui ne fait pas de sens pour nous, mais simplement de faire remarquer qu'on est beaucoup moins enclin à faire une action lorsqu'elle n'est pas en concordance avec nous, nos valeurs ou qu'on n'en voit pas le sens.

Spoiler alert : Faire des choses dans le but de se faire accepter ou aimer, même si c'est important pour nous de se faire accepter et aimer, ça ne reste pas POUR nous. Mais pour les autres. Pour ce qu'ILS vont en penser.

Time-Bound.
Le cerveau est un organe encore très incompris et on a découvert que de mettre une date d'échéance augmente la possibilité qu'on se mette à l'oeuvre à temps. Sans limite dans le temps, notre psychologique considère qu'il a toute la vie pour y arriver et donc est moins propice à mettre des actions et solutions en place rapidement. Un peu comme l'étudiant qui qui a trois semaines pour faire un travail et qui procrastine en se disant "bah, j'ai le temps", si on ne détermine pas pour quand on veut notre but atteint,

notre psychologique se dit "bah, j'ai le temps".

De se donner une date butoir, comme par exemple, "je veux avoir 75% de moyenne générale dans mon cours X pour le [date]", dit à notre cerveau "okay, j'ai pas toute la vie, j'ai X mois donc go, trouves des moyens et des solutions!"

Ça a l'air drôle dit comme ça, mais je vous confirme que ça se passe comme ça inconsciemment. Le cerveau est un drôle d'organe.

Ce qu'il faut se rappeler

Il y a une raison à la procrastination, et ce n'est pas de la paresse. La découvrir aide à adopter des solutions adaptées.

La motivation c'est un ensemble d'éléments liés les uns aux autres et vient de l'action, et non l'inverse.

Se sentir coupable de prendre du repos nous empêche de nous reposer vraiment et nous pousse à nous reposer encore plus, avec la culpabilité qui suit et ainsi de suite. NOUS AVONS LE DROIT de nous reposer. Nous ne sommes pas des machines.

Le CÉGEP demande une adaptation dans nos façons de travailler et d'étudier.

L'auto-discipline et la proactivité sont nécessaires pour la réussite des cours et cela nous prépare aussi à nos années professionnelles.

Les choix que l'on fait à 18-22 ans ne déterminent pas le reste de notre vie. Il y a toujours moyen de faire différent, de changer de chemin.

La vie n'est pas une course. Autant que je comprends la hâte de ne plus être étudiant, notre chemin est le nôtre et il est différent des autres. Il arrive que les études prennent plus de temps, d'autre fois moins.

Notre vie n'est pas uniquement les études et le travail, mais au moins 6 autres aspects, incluant les relations interpersonnelles, le plaisir, la spiritualité, la santé.
Il ne faut pas hésiter à consulter un.e professionnel.le psycho-social lorsqu'on se sent dépassé ou craintif face à ce qui s'en vient, que ce soit d'ordre scolaire ou pas.
Un des plus gros mythe qui circule est que, en tant qu'étudiant et jeune adulte (et à tout âge, en fait), on devrait être capable de se gérer seul.
On ne peut pas gérer seul ce qui n'est pas compris ou appris.
Et ce n'est malheureusement pas encore à l'école qu'on nous enseigne à se connaître soi-même...

Sur ce, BONNES SESSIONS!

MÉDIAGRAPHIE

Larousse.fr, ttps://www.larousse.fr/dictionnaires/francais/motivation/52784?q=motivation#52643 (Page consultée le 12 mai 2020)

Manson, Mark. 2016. *The Subtle Art of Not Giving a Fuck*. New-York : HarperCollins Publisher, 206 pages.

BORODITSKY, Lera. How Language Shapes The Way We Think, USA, 2017, 14 min 04 seconds, TEDWomen 2017.

https://www.ted.com/talks/lera_boroditsky_how_language_shapes_the_way_we_think (Page consultée le 12 mai 2020)

Vincent Phoenix Sumah travaille comme intervenant psychosocial, conférencier et créateur d'ateliers en empowerment (et maintenant écrivain, yay! Gros rêve d'enfant! *thumbs up!*)

Son parcours de vie l'a amené à diriger son centre d'intérêt vers l'acquisition de la sérénité avec soi-même et l'amélioration des relations interpersonnelles qui sont, selon lui, la base d'une vie épanouie.

Geek assumé, il n'a aucun scrupule à citer des personnages de jeux vidéos de façon inspirante. Son côté scientifique le pousse à toujours chercher à comprendre le pourquoi des choses et il nous fait part de ses découvertes avec une éloquence décontractée.

Ce TL;DR (Too Long ; Didn't Read) est son premier livre et fait partie d'un plus grand projet qui comprendra au minimum un autre TL;DR (déjà en écriture).